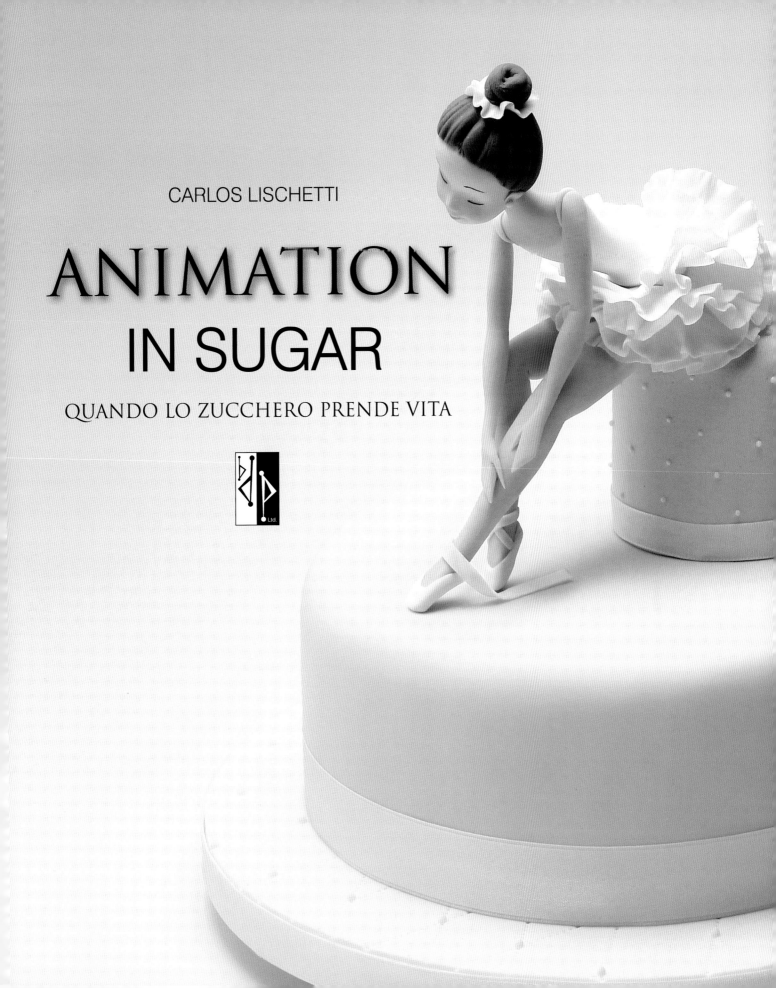

CARLOS LISCHETTI

ANIMATION
IN SUGAR

QUANDO LO ZUCCHERO PRENDE VITA

DEDICA

Alla mia Mamma e al mio Papà per il loro supporto continuo e incondizionato, nei miei alti e bassi.
Dedicato anche a Kella Roffo, che è sempre nel mio cuore e nei miei pensieri.

Pubblicato per la prima volta nel settembre 2012 da B. Dutton Publishing Limited, The Grange, Hones Business Park, Farnham, Surrey, GU9 8BB.
Copyright: Carlos Lischetti 2012
ISBN-13: 978-1-905113-46-0

Editore: Beverley Dutton

Direttore editoriale: Jenny Stewart

Art Director/Designer: Sarah Ryan

Editor: Jenny Royle

Designer: Zena Deakin

Designer grafico: Louise Pepé e Abbie Johnston

Assistente editoriale: Frankie New

Copy Editor: Amy Norman

Responsabile PR e pubblicità: Natalie Bull

Fotografia e illustrazioni: Elio Lischetti

Edizione italiana:

Traduzione e revisione: Laura Ferrari e Barbara Perego

Stampato in Cina

Riconoscimenti

Sono molto grato agli editori e a tutta la squadra di Squires Kitchen per il duro lavoro e per il loro entusiasmo per il mio libro. La mia gratitudine va anche a Beverly e Robert Dutton per avermi dato l'opportunità di pubblicare questo libro e per la loro fiducia in quanto faccio.

Sono stato molto fortunato ad aver lavorato con mio fratello, Elio. Il suo enorme impegno sul progetto di un libro tutto nostro e il suo perfezionismo, che a volte mi ha fatto impazzire, mi hanno portato al successo. Grazie anche a mia sorella, Mercedes, la mia cara "Mechi". Il suo compleanno mi ha sempre dato l'occasione di sperimentare una nuova torta – lei era la mia cavia! Te quiero, Hermana! A proposito … dov'è Mauro?!

Un ringraziamento speciale alla mia Nonna Amable, sempre là, pronta ad ascoltare le mie ultime novità, a condividere con il suo costante entusiasmo ogni cosa io facessi, ad aiutarmi in cucina quando mi affrettavo per consegnare una torta. Non dimenticherò mai la torta di noci che facevamo tutti insieme a Máximo Paz! Il suo modo di cucinare mi ha ispirato e mi ha fatto diventare ciò che sono oggi.

Voglio ricordare anche tutti i cugini e gli zii, sempre pronti ad assaggiare una fetta di torta e a non lasciare nemmeno le briciole!

Un grazie di cuore ad Adrian, mio grande amico e coinquilino, per la sua infinita pazienza, per il suo aiuto disinteressato e per l'infinito entusiasmo in tutto ciò che fa. Tutto ciò significa molto per me.

Ho un debito di gratitudine con Omar, del negozio di sugarcraft Gelus, per il suo supporto iniziale durante i miei primi passi nel mondo della sugar art. Ancora oggi non trovo le parole per ringraziare la dolce Sheila Brown per avermi aiutato con le correzioni di questo libro. È stata sempre disponibile quando ero incerto sulle parole da usare e soprattutto quando si avvicinava la scadenza da rispettare.

Sono stato fortunato per aver avuto il supporto di così tanti amici in Argentina e in tutto il mondo, inclusi i meravigliosi colleghi di Rosario, con i quali ho trascorso davvero momenti memorabili quando insegnavamo là in diverse scuole.

Grazie a tutti quelli con cui ho avuto il piacere di lavorare negli ultimi anni e che mi hanno aiutato a fare progressi nella mia carriera. Questo include tutte le persone che hanno creduto in me e hanno avuto fiducia persino quando hanno dovuto sopportare gli errori che ho commesso nel mio percorso.

Sarò sempre in debito con Kella Roffo – ho trascorso nove anni meravigliosi nella sua pasticceria a Rosario, dove tutto ebbe inizio. Mi ha avviato alla pasticceria e mi ha trattato proprio come un figlio.

Infine, grazie alla mia amata Mamma che mi ha sempre seguito e che con pazienza ha sempre controllato i miei lavori, facendomi notare gli errori; profonda gratitudine e un grazie di cuore al mio Papà per essere sempre stato disponibile e per avermi dato il dono della vita. Vi voglio tanto bene.

INTRODUZIONE

Ora che ho scritto il mio primo libro, è giunto il momento della verità! Dopo tutti gli anni trascorsi a sfornare torte e creare poi i miei personaggi di zucchero, ritengo che siano maturi i tempi per condividere le mie idee e le mie tecniche di modelling con gli altri, anche con chi si sta avvicinando ora alla materia. Spero che questo libro non sia solo una fonte di ispirazione, ma anche una risorsa per chi desidera sviluppare le proprie idee e tecniche. Il mio desiderio è quello di poter essere di incoraggiamento e motivazione ogni volta che vi sfideranno a creare un nuovo soggetto di sugar art.

In questo libro ho cercato di presentare nuove tecniche di modelling che superino i limiti dei metodi tradizionali. Parte importante del procedimento è stato per me lavorare con mio fratello Elio, che è un artista. Elio ha disegnato i personaggi e la mia sfida è stata quella di riprodurli con lo zucchero, esplorando a questo scopo nuove tecniche di modelling. Ho dovuto trovare il modo di costruire ogni figura con il metodo più semplice possibile e, cosa più importante, in maniera che fosse realizzabile e piacevole. Sapevo che se non l'avessi fatto io non l'avrebbero potuto fare neanche i miei lettori: spero di aver raggiunto questo obiettivo.

Nella parte iniziale del libro, prima dei progetti, troverete alcune delle mie ricette preferite, che ho amato e usato spesso nella mia vita. Queste sono le ricette con cui sono cresciuto e con le quali ho condotto i miei primi esperimenti nella sugarcraft.

Ho cercato di darvi, cari lettori, il libro che avrei voluto avere io quando stavo imparando quest'arte. Mi avrebbe risparmiato tanto tempo e molte ansie! Non rinnego tuttavia l'esperienza che ho fatto, imparando dagli errori e lavorando sugli sbagli per superarli.

Vi presento il mio metodo di lavoro, ma ricordate sempre che non è l'unico. Che questo libro sia per voi come un trampolino: possiate ispirarvi e trovare la vostra strada nel meraviglioso mondo della sugarcraft.

Carlos

INDICE

CELEBRATION CAKES, LE TORTE
PER LE FESTE

OCCORRENTE E ATTREZZATURA NECESSARIA

ATTREZZATURA

Per la maggior parte dei progetti presentati in questo libro avrete bisogno della stessa attrezzatura di base, per cui vale la pena di investire negli articoli che ancora non avete. Eventuali altri materiali occorrenti sono elencati all'inizio di ogni progetto, quindi assicuratevi di avere tutto il necessario prima di cominciare. Tutti i materiali sono facilmente reperibili presso i rivenditori di articoli per sugarcraft, vedi pag. 192.

Ball tool: attrezzi per il modelling con estremità sferiche, nelle dimensioni piccolo, medio e grande (1)

Basi e pezzi di polistirolo (da utilizzare come sostegno durante l'asciugatura)

Cake dowel di plastica: bacchette che si inseriscono nella torta per assicurare maggiore stabilità

Cake smoother: spatole utilizzate per livellare le torte ricoperte in pasta di zucchero (2)

Carta da cucina

Colla edibile Squires Kitchen (3)

Colla stick atossica

Colori alimentari (Squires Kitchen) (4)

Coltello a lama liscia (5)

Coltello a lama seghettata

Conetti piccoli di carta forno (vedere pag. 8) (6)

Dresden tool: è un attrezzo tipico del modelling, molto utile per creare scanalature e venature e per allargare le fessure. Ha due punte ricurve di diverse dimensioni. (7)

Fecola/maizena/amido di mais in un sacchettino di garza (8)

Forbicine (9)

Floral wires: fili metallici per fiori di zucchero (10)

Grasso vegetale, (tipo Crisco o Trex, si trova in commercio come white vegetable fat/shortening) (11)

Mattarelli grandi e piccoli (12)

Pennarello alimentare Squires Kitchen colore Nero/Marrone (SK Black/Brown Professional Food Colour Pen)

Pennelli (Squires Kitchen) per dipingere, spolverizzare ed incollare (13)

Piano di lavoro non aderente (14)

Pinze (15)

Righello

Rotellina tagliapasta o cutting wheel

(16): le due estremità di questo attrezzo presentano rotelle di diverse dimensioni, usate per ritagliare piccole forme

Set di tagliapasta rotondi (round cutter) (17)

SK Confectioners' Glaze: lucidante edibile Squires Kitchen, utilizzato per proteggere e lucidare le creazioni in zucchero

SK Cutting Tool: taglierino in plastica Squires Kitchen (18)

Spaghetti crudi

Spatole, dritte e a gomito

Spazzolino da denti nuovo (per creare effetti con la pittura, vedere pag 47) (19)

Spiedini di legno (20)

Stuzzicadenti, stecchini da cocktail

Tappetino anti-scivolo (21)

Zucchero a velo/per ghiaccia (per spolverizzare)

COME FARE UN SACCHETTINO PER SPOLVERIZZARE L'AMIDO DI MAIS

Un sacchettino di garza è sempre utile per spolverizzare la superficie di lavoro quando stendete il pastillage (composto a base di zucchero, utilizzato per la creazione di soggetti e non per le coperture: indurisce molto velocemente), la flower paste (pasta specifica per la realizzazione di fiori di zucchero) o la modelling paste (pasta modellabile) e può essere usato anche per spolverizzare le mani per tenerle asciutte mentre si modella. Quando stendete il marzapane o la pasta di zucchero da copertura, utilizzate sempre lo zucchero a velo invece dell'amido di mais (vedere pagg. 34-36).

Occorrente

1 cucchiaio di amido di mais/maizena

Attrezzatura necessaria

Un pezzo di garza

Un elastico

1 Tagliate due quadrati di garza e sovrapponeteli uno sull'altro. Mettete al centro un cucchiaio pieno di amido di mais.

2 Unite i quattro angoli e create un sacchettino, che fermerete con un elastico.

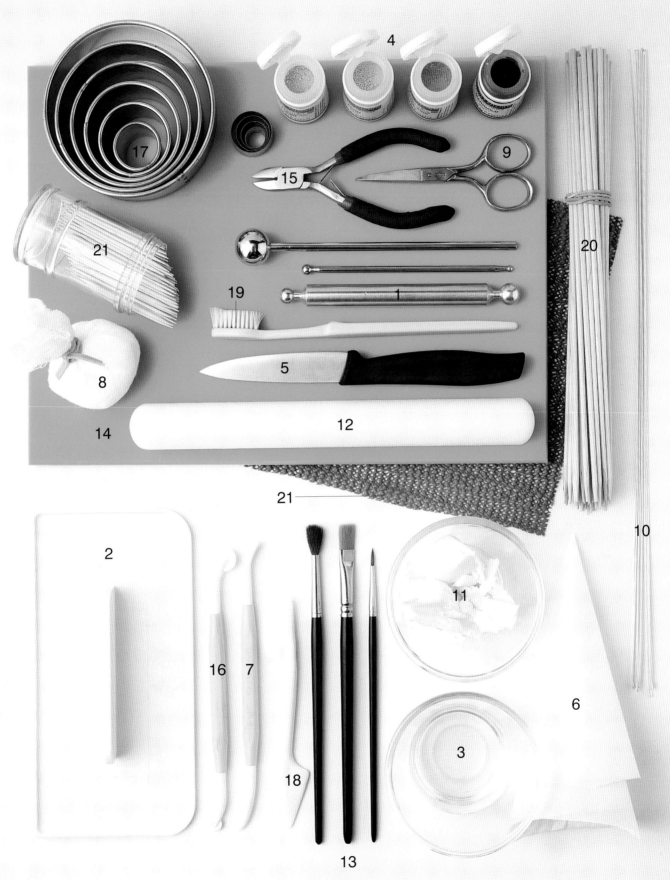

   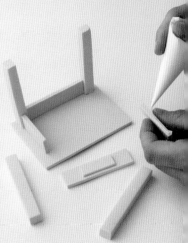

COME FARE UN CONETTO DI CARTA FORNO

I conetti di carta forno sono sempre utili quando è necessario utilizzare solo una piccola quantità di ghiaccia reale. Sono perfetti per realizzare con la ghiaccia i punti luce degli occhi, per attaccare tra loro pezzi asciutti di pastillage e per realizzare dettagli come i capelli.

Occorrente

Ghiaccia reale (vedere pag. 27)

Attrezzatura necessaria

Carta forno

Forbici

Beccuccio (facoltativo)

1 Prendete un triangolo di carta forno e piegatelo a metà per segnare il punto centrale sul lato lungo.

2 Arrotolate un lato del triangolo per formare un cono, il cui vertice sia al centro del lato lungo.

3 Tenendo fermo il primo lato con una mano, arrotolate intorno anche l'altro lato per completare il cono.

4 Tenendo le estremità, assicuratevi che le punte del triangolo siano nella parte posteriore del cono.

5 Sovrapponete due volte le punte per fare in modo che il cono regga la forma. Se state usando un beccuccio, tagliate la punta del cono di carta e ponete all'interno il beccuccio. Riempite poi il cono fino a metà con la ghiaccia reale, spremetela verso la punta e ripiegate l'altra estremità per chiudere la sacca e averla pronta per iniziare la decorazione.

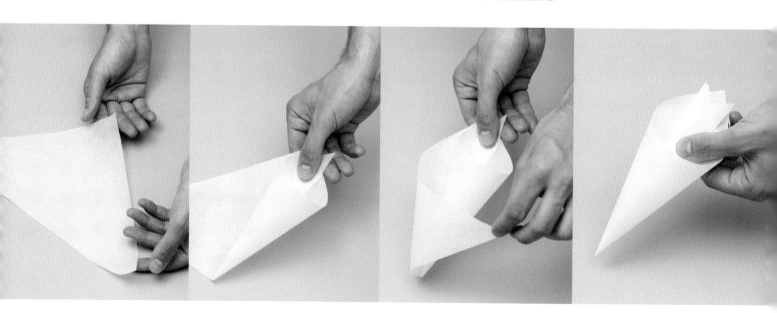

RICETTE

BUTTER SPONGE CAKE

Ci sono molte ricette che mi piacciono per la butter sponge cake; potete provare quella che suggerisco qui oppure usare la vostra preferita. Questa è la ricetta tradizionale della Victoria sponge che uso spesso perché ha una consistenza soffice e adatta alla copertura con marzapane o pasta di zucchero (vedere pagg. 34-38). Questa ricetta di base al gusto di vaniglia può essere modificata per ottenere una torta al cioccolato, limone, arancia o noce, semplicemente aggiungendo i relativi aromi (vedere note sulle variazioni al termine di questa sezione).

Ingredienti

200 gr di burro ammorbidito

1 cucchiaino da tè di essenza naturale di vaniglia

200 gr di zucchero a velo o semolato (preferisco utilizzare lo zucchero a velo perché migliora la consistenza del prodotto finale)

200 gr di uova (corrispondono a 4 uova di dimensioni medie)

200 gr di farina autolievitante o 200 gr di farina multiuso setacciata con 2 cucchiaini da tè colmi di lievito in polvere

Attrezzatura

3 tortiere basse o anelli da pasticceria di diametro 15 cm

Carta forno

Mixer con frusta piatta (a foglia)

Spatola di gomma

Setaccio

Griglia per raffreddare

Pellicola per alimenti

1 Ungete e infarinate le tre tortiere di diametro 15 cm, rivestendo il fondo con carta forno se non le usate spesso. Preriscaldate il forno a 170–180°C/tacca 4 per i forni a gas.

2 Amalgamate nel mixer il burro con l'essenza di vaniglia e lo zucchero utilizzando la frusta piatta (a foglia), finché il composto non sarà ben aerato. Passate una spatola nella ciotola per

assicurarvi che non rimangano grumi di burro depositati sul fondo.

3 Aggiungete un uovo alla volta, miscelando bene a ogni aggiunta (non preoccupatevi se inizialmente il composto sembra rapprendersi, è la reazione normale perché il burro impiega tempo a emulsionarsi con la parte acquosa delle uova).

4 Aggiungete in due tempi la farina setacciata, con il mixer a bassa velocità.

5 Con una spatola di gomma ripassate le pareti e il fondo della ciotola per fare in modo che tutti gli ingredienti siano completamente miscelati e che non rimangano tracce di farina.

6 Dividete la miscela nelle tre tortiere, distribuendola in modo uniforme. Posizionate le tortiere al centro del forno e cuocete per circa 20 minuti. La torta è pronta quando la superficie è ambrata; se infilate uno stecchino nella torta deve risultare asciutto. Un'altra prova per verificare la cottura è premere leggermente con le dita nel centro della torta: è pronta quando è elastica al tatto, come una spugna. Se percepite ancora una sensazione di "crudo" sotto la superficie, lasciatela ancora in forno per qualche minuto finché non sarà completamente cotta.

7 Quando le torte saranno cotte, giratele su una gratella e lasciatele raffreddare completamente.

8 Una volta raffreddate, avvolgetele nella pellicola per alimenti per conservarle morbide.

Varianti

Cioccolato: sostituite 50 gr di farina con la stessa quantità di cacao di ottima qualità.

Limone o arancia: aggiungete la scorza di un limone o di un'arancia quando amalgamate il burro con lo zucchero.

Noce: aggiungete alla farina 80 gr di noci tritate e amalgamate il tutto nel mixer.

Il consiglio dell'esperto

Le uova dovrebbero essere utilizzate a temperatura ambiente.

Il burro dovrebbe essere ammorbidito, ma non sciolto. Se vivete in un Paese caldo, tenete il burro nel frigorifero fino al momento dell'utilizzo.

Io preferisco dividere l'impasto in due o tre tortiere piuttosto che in una perché questo assicura una forma e una consistenza migliori. In una tortiera eccessivamente piena, la torta diventa più compatta e pesante di quanto dovrebbe.

Amalgamate sempre il burro con l'estratto di vaniglia o con la scorza di limone per esaltarne il gusto.

QUANTITÀ DI IMPASTO

Le tabelle seguenti possono essere utilizzate come riferimento per la ricetta della butter sponge in diverse dimensioni; la seconda tabella indica le quantità da utilizzare per le ricette illustrate in questo libro. La quantità di impasto indicata è sufficiente per 3 tortiere. La quantità di impasto che utilizzate in ogni tortiera dipenderà anche dall'altezza degli strati di cui avrete bisogno, ma ricordate di non riempire troppo le tortiere per non avere una torta pesante. La cosa migliore è cuocere separatamente gli strati necessari per la vostra creazione.

Dimensione delle tortiere (rotonde o quadrate)	Quantità di impasto per tre strati	Conversione delle dosi della ricetta (moltiplicare per)
3 da 10 cm di diametro	400 gr	½
3 da 15 cm di diametro	800 gr	1
3 da 20 cm di diametro	1,2 kg	1½
3 da 22 cm di diametro	1,6 kg	2

Progetto	Dimensioni e forma della torta	Quantità di impasto	Conversione delle dosi della ricetta (moltiplicare per)
La Ballerina	3 da 20 cm di diametro	1,2 kg	1½
Un bebè paffutello	3 da 15 cm di diametro	800 gr	1
La Regina di cuori	20 cm di diametro x 14 cm di altezza, a forma di cupola per fare la gonna	1,2 kg	1½
Il Robot	3 da 15 cm di diametro	800 gr	1
Flora, la fata dei Boschi	Far riferimento alla ricetta della Light Sponge (vedere pag. 12)		
In cerca di cibo	2 rettangolari 35 cm x 25 cm	2,4 kg	3
Fashionista	Utilizzare i riferimenti indicati nella tabella sopra riportata per ottenere la torta delle dimensioni desiderate.		
La Dune Buggy	2 rettangolari 15 cm x 20 cm	1,6 kg	2
Nella cucina della nonna	9 cm di diametro x 11 cm di altezza, a forma di cupola per fare la gonna	400 gr	½
Il Velocipede, una bicicletta d'altri tempi	3 da 20 cm di diametro	1,2 kg	1½
Moulin Rouge	3 da 20 cm di diametro	1,2 kg	1½
Oggi Sposi	3 da 20 cm di diametro	1,2 kg	1½
Nel bianco Paese delle Meraviglie	Semisfera 12 cm di diametro e 7 cm di altezza Semisfera 9 cm diametro e 4 cm di altezza	800 gr suddivisi tra i due stampi a semisfera	1
Arriva Babbo Natale!	15 cm di diametro 10 cm di diametro 7 cm di diametro (cuocete una torta di diametro 10 cm e ritagliatela a misura con un cutter tondo)	800 gr 400 gr 200 gr	1 ½ ¼

LIGHT SPONGE

Utilizzo questa ricetta quando compongo una torta a strati rivestendo uno stampo, come illustrato a pag. 32. Raccomando sempre di preparare una piccola quantità per volta di light sponge. Utilizzo al massimo 8 uova per ogni infornata (il doppio delle dosi indicate nella ricetta sotto) poiché è la quantità perfetta per una ciotola del mixer di dimensioni standard e perché con queste dosi la vostra torta manterrà una consistenza leggera e ben aerata.

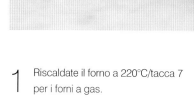

Ingredienti

4 uova grandi, tuorli e albumi separati (calibro medio, di galline allevate a terra)

120 gr di zucchero semolato

120 gr di farina multiuso setacciata

1 cucchiaino di essenza di vaniglia

Attrezzatura necessaria

Una teglia da forno di dimensioni 40 cm x 30 cm rivestita di carta forno

Fruste

Spatola

Varianti

Cioccolato: sostituite 30 gr di farina con 30 gr di cacao in polvere, setacciatelo insieme alla farina e seguite le ricetta base (alla vaniglia).

1 Riscaldate il forno a 220°C/tacca 7 per i forni a gas.

2 Sbattete i tuorli con 60 gr di zucchero e l'essenza di vaniglia finché non saranno montati e chiari. Lasciate riposare.

3 In un'altra ciotola, sbattete gli albumi finché non saranno leggeri e spumosi. Incorporate lo zucchero rimanente, montando a velocità media, finché saranno montati a neve (si dovranno formare delle punte).

4 Versate metà del composto montato a neve nella miscela dei tuorli. Quando saranno amalgamati, aggiungete anche l'altra metà.

5 Setacciate la farina e unitela al composto in due o tre volte, usando una spatola.

6 Versate l'impasto nella teglia da forno e stendetelo in modo uniforme con l'aiuto di una spatola.

7 Cuocete 6–8 minuti finché la superficie diventerà dorata e la torta sarà elastica al tatto. Togliete dal forno e lasciate raffreddare nella teglia. Coprite la torta con pellicola per alimenti per conservarne la morbidezza.

Per Flora, la Fata dei Boschi, seguite la ricetta sopra riportata mantenendo le dosi e le dimensioni indicate per la teglia (40 cm x 30 cm). Quando la torta si sarà raffreddata, tagliatela nel senso della lunghezza in tre strisce larghe 10 cm e arrotolatele dopo averle farcite secondo il vostro gusto (vedere pagg. 18–23).

Mini cake all'arancia

Ingredienti

Per la torta:

200 gr di burro morbido

200 gr di zucchero semolato

4 uova

2 tuorli (calibro medio, di galline allevate a terra)

225 gr di farina auto lievitante, setacciata con 1½ cucchiaino di lievito

50 gr di farina di mandorle

1 cucchiaino da tè di scorza di arancia

100 gr di scorza di arancia candita a dadini

Per lo sciroppo:

150 gr di zucchero

25 ml di succo di limone

125 ml di succo di arancia

50 ml di liquore all'arancia o al limone (Cointreau o Limoncello)

Per la decorazione:

Marmellata di albicocche tiepida da (utilizzare sotto il fondente)

500 gr di SK Fondant Icing: preparato per fondente di zucchero Squires Kitchen, da utilizzare per glassature

SK Liquid Food Colours: colori alimentari liquidi Squires Kitchen, tonalità a scelta (facoltativo)

SK Instant Mix Royal Icing: preparato per glassa reale istantanea Squires Kitchen

Attrezzatura necessaria

Stampo di silicone a semisfera di diametro 4 cm

Teglia

Mixer

Sac à poche di plastica

Beccuccio foro tondo 1 cm

Ciotole

Forchetta

Conetto di carta

Forbici

Il consiglio dell'esperto

Se vivete in una zona dal clima caldo, conservate queste mini cake in una scatola in frigorifero fino al momento di servirle. Potete anche farcirle con lemon curd (crema al limone) o crema all'arancia, per esaltare il gusto agrumato della torta.

1 Preriscaldate il forno a 200°C/ tacca 6 del forno a gas.

2 Mettete nella ciotola del mixer il burro, lo zucchero semolato e la scorza d'arancia e amalgamate con la frusta piatta fino a ottenere una crema leggera e spumosa. Aggiungete le uova e i tuorli uno alla volta, mescolando bene dopo ogni aggiunta. Aggiungete al composto la farina e la farina di mandorle, mescolando a mano finché il tutto non sarà omogeneo.

3 Per fare le mini cake a forma di semisfera (come descritto a pag. 152), mettete l'impasto in una sac à poche monouso nella quale avrete messo un beccuccio con il foro tondo di 1 cm e riempite per ²/₃ le piccole semisfere dello stampo in silicone. Cuocete per circa 8–10 minuti (o di più se usate stampi più grandi).

4 Togliete dal forno le mini cake e lasciatele raffreddare nello stampo in silicone. Rimuovetele poi dallo stampo e livellate la base della semisfera con un coltello a lama seghettata, se necessario. Una volta livellate, rimettete le mini cake nello stampo.

5 Per fare lo sciroppo, mettete in un padellino lo zucchero, il succo di limone e quello di arancia. Mettete sul fuoco a fiamma moderata e portate a bollore. Fate bollire lo sciroppo per due minuti, poi togliete dal fuoco. Versate il liquore nello sciroppo e usatelo mentre è ancora caldo (assicuratevi che la torta si sia raffreddata prima di procedere a bagnarla con lo sciroppo caldo).

6 Usate un pennello per dolci pulito per distribuire lo sciroppo caldo sulla torta (inumiditela ma cercate di non bagnarla troppo). Coprite con pellicola per alimenti e lasciate riposare in frigorifero per un paio d'ore.

7 Prima di ricoprire le mini cake con il fondant (glassa), spennellate la superficie di ogni semisfera con la marmellata tiepida di albicocche (questo impedirà alle briciole di staccarsi).

8 Mettete 500 gr di fondant in una ciotola resistente al calore e fatelo sciogliere a bagnomaria o al microonde. Non fate bollire il fondant.

9 Se usate due colori diversi come mostrato, dividete il fondant in due ciotole aggiungendo a una il colore rosa e all'altra il color ciclamino finché otterrete la tonalità desiderata.

10 Intingete le semisfere nel fondant una alla volta, tenendole sollevate con una forchetta una volta ricoperte. Prendete ogni semisfera tenendola sotto la base con due dita e mettetela su una griglia per far colare l'eccesso di fondant. Una volta che il fondant si sarà asciugato, sollevate le semisfere dalla griglia con una spatolina. Disponete ogni dolcetto in un pirottino di carta o sul piatto di servizio.

11 Per la decorazione, riempite un piccolo conetto di carta forno con ghiaccia reale color rosa chiaro e tagliatene l'estremità. Decorate a spirale ogni mini cake, cominciando dal centro della semisfera.

CAKE POPS

Ci sono molte ricette per i cake pops ma questa è veramente molto semplice da fare ed ottima quando non avete tempo di preparare una sponge cake.

Ingredienti

300 gr di biscotti digestive (normali o al cioccolato) sbriciolati

100 gr di crema di nocciole (Nutella) o dulche de leche

250 gr di cioccolato temperato bianco, al latte o fondente

SK Cocol Colour (colorante alimentare Squires Kitchen specifico per il cioccolato), colore a vostra scelta (facoltativo)

Attrezzatura necessaria

Ciotola

Spatola

Guanti di plastica per alimenti

Lollipop sticks, bastoncini per cake pops o lecca lecca

Forma in polistirolo (da utilizzare come supporto per l'asciugatura)

1 In una ciotola, mescolate i biscotti sbriciolati con la crema a vostra scelta, amalgamando a mano con una spatola finché il composto non sarà omogeneo. Se necessario, aumentate la dose di crema per ottenere un impasto di consistenza malleabile.

2 Indossate un paio di guanti per alimenti e formate con le mani delle palline di impasto.

3 Mettete le palline in frigorifero a rassodare per circa un'ora.

4 Per fare in modo che i cake pops rimangano ben fissati sui bastoncini, intingete prima i bastoncini nel cioccolato temperato e poi inseriteli al centro della pallina. Il cioccolato si solidificherà rapidamente, fissando il cake pop al bastoncino.

5 Intingete i cake pops nel cioccolato temperato bianco, al latte o fondente. Se state utilizzando il cioccolato bianco, potete colorarlo a piacere con Cocol chocolate food colouring, un colorante alimentare specifico per il cioccolato.

6 Infilate i bastoncini dei cake pops in una forma di polistirolo e lasciate asciugare.

BISCOTTI ALLA VANIGLIA

Questa è una delle ricette di biscotti che preferisco, perché l'impasto risulta friabile ma consistente, il che è perfetto per la decorazione con la ghiaccia run-out (vedere pag. 27). Potete conservare in freezer l'impasto crudo per due mesi.

Ingredienti

200 gr di farina multiuso

50 gr di farina di mandorle

75 gr di zucchero semolato

100 gr di burro morbido

3 tuorli d'uovo

Un pizzico di sale

1 cucchiaino da tè di estratto di vaniglia (oppure i semi di un baccello)

Attrezzatura necessaria

Setaccio

Mixer con frusta piatta

Pellicola per alimenti

Taglia biscotti

Teglia da forno

Carta forno

1 Setacciate la farina con un pizzico di sale nella ciotola del mixer dotato di frusta piatta. Se desiderate biscotti al cioccolato o alla cannella, aggiungete il cacao o la cannella in questa fase.

2 Aggiungete nella ciotola la farina di mandorle e lo zucchero semolato e mescolate velocemente per amalgamare gli ingredienti secchi.

3 Aggiungete il burro ammorbidito e mescolate a bassa velocità finché l'impasto avrà una consistenza granulosa, come se fosse sabbia. Unite i tuorli d'uovo, l'estratto di vaniglia (oppure i semi) e la scorza di agrumi (per biscotti al limone o all'arancia) e continuate a mescolare finché l'impasto prenderà consistenza. Cercate di non mescolare troppo.

4 Togliete l'impasto dalla ciotola e avvolgetelo nella pellicola per alimenti, dandogli una forma quadrata e appiattita. Mettete l'impasto a rassodare in frigorifero per almeno un'ora, o meglio ancora per tutta la notte.

5 Prima di ritagliare i biscotti, lavorate l'impasto per renderlo malleabile e poi stendetelo a uno spessore di 5 mm su una superficie infarinata.

6 Ritagliate i biscotti con la forma desiderata e lasciateli poi riposare su una teglia rivestita con carta da forno. Riponete la teglia in frigorifero per far raffreddare i biscotti prima della cottura.

7 Infornate a 170°C/tacca 3 del forno a gas finché i biscotti non saranno dorati in superficie e sui lati. Il tempo di cottura dipenderà dalla dimensione dei biscotti, ma indicativamente considerate circa 10–12 minuti di cottura per biscotti tondi di 5 cm di diametro.

Il consiglio dell'esperto

Cuocete i biscotti finché avranno un colore dorato; se saranno troppo chiari si sentirà il sapore della farina cruda.

Varianti

Cioccolato: sostituite 50 gr di farina con 50 gr di cacao amaro.

Cannella: aggiungete alla ricetta un cucchiaino da tè colmo di cannella in polvere.

Limone o arancia: aggiungete alla ricetta un cucchiaino da tè colmo di scorza di agrume.

FARCITURE

MERINGUE BUTTERCREAM - CREMA AL BURRO ALLA MERINGA ITALIANA

Utilizzo questa ricetta come farcitura e come copertura della sponge cake: la meringa italiana dà una consistenza morbida e leggera. Ricordate che la ricetta e le varianti servono da guida, ma potete sempre scegliere le vostre ricette preferite per fare torte tanto buone quanto belle.

Ingredienti

300 gr di zucchero semolato

100 ml di acqua

150 gr di albumi (equivalenti agli albumi di 4 uova medie di galline allevate all'aperto)

350 gr di burro ammorbidito

Estratto di vaniglia (oppure altri aromi, come sotto suggerito)

Attrezzatura necessaria

Pentolino

Termometro digitale (facoltativo, vedere il suggerimento sotto)

Fruste

1 Mettete da parte un cucchiaio di zucchero per gli albumi, poi mettete il rimanente zucchero con l'acqua in un pentolino e cuocete a fuoco medio portando a bollore, a 118°C.

2 Nel frattempo, sbattete gli albumi a velocità media finché non saranno spumosi e soffici. Aggiungete il cucchiaio di zucchero agli albumi e continuate a montare a velocità media finché la meringa diventerà soda.

3 Versate lo sciroppo a filo negli albumi montati, continuando a montare a velocità alta. Continuate finché la temperatura della meringa non scenderà a 30°C.

4 Aggiungete in tre riprese il burro morbido continuando con il mixer a velocità media.

5 Aggiungete gli aromi a vostra scelta (vedere nella pagina a fianco) e usate questa crema per la farcitura e la copertura della torta.

Il consiglio dell'esperto

Usate un termometro per controllare la temperatura dello sciroppo. Se non ne avete uno, prendete un cucchiaio di sciroppo e versatelo in un bicchiere di acqua fredda: se lo sciroppo si rapprenderà formando una palla morbida nell'acqua, sarà alla giusta temperatura.

Varianti

Cioccolato fondente: per ogni 500 gr di buttercream, aggiungete 150 gr di cioccolato fondente (cacao al 50%) sciolto a 27°C.

Cioccolato bianco: per ogni 500 gr di buttercream, aggiungete 250 gr di cioccolato bianco sciolto a 27°C.

Vaniglia: aprite nel senso della lunghezza due baccelli di vaniglia e rimuovete i semi con la punta di un coltello. Mescolate i semi a 500 gr di buttercream. Aggiungete 10 ml di estratto naturale di vaniglia per esaltarne il sapore.

Brandy: aggiungete 50 ml di brandy ogni 500 gr di buttercream.

Caffè: diluite 60 gr di caffè solubile in 15 ml (1 cucchiaio da tavola) di acqua calda e aggiungete il tutto a 500 gr di buttercream. Un goccio di brandy esalta perfettamente il sapore del caffè.

Mirtill (o altra marmellata fatta in casa): aggiungete 150 gr di marmellata di mirtilli ogni 500 gr di buttercream.

Limone: aggiungete 150 gr di lemon curd (una crema al limone) e 50 ml di succo di limone ogni 500 gr di buttercream. In aggiunta, potete unire la scorza di mezzo limone o scorza candita.

Arancia: aggiungete 120 gr di scorze candite ogni 500 gr di buttercream. In aggiunta, potete completare con 50 ml di Cointreau o Grand Marnier per esaltare il sapore.

Il consiglio dell'esperto

È attualmente disponibile un'ampia gamma di aromi in pasta concentrati, utilizzati in pasticceria per aromatizzare gelati o creme. Sono perfetti anche per la buttercream, quindi sperimentate le vostre variazioni personali.

SCIROPPO DI ZUCCHERO

Lo sciroppo di zucchero può essere spennellato sulla sponge cake con un pennello da cucina per tenerla umida e aggiungere sapore. È difficile quantificare esattamente quanto sciroppo deve essere aggiunto, dal momento che ogni torta può variare in consistenza: valutate quindi il suo spessore e l'umidità dell'impasto quando spennellate lo sciroppo sulla torta.

Ingredienti

250 gr di zucchero semolato

250 ml di acqua

25 ml di succo di limone (facoltativo)

Attrezzatura necessaria

Pentolino

Cucchiaio di legno

Barattolo o contenitore resistente al calore e a chiusura ermetica

Il consiglio dell'esperto

Ricordate di spennellare una quantità di sciroppo sufficiente per mantenere il giusto grado di umidità della torta. Non aggiungete troppo sciroppo perché la torta potrebbe diventare troppo dolce e troppo morbida per tenere la forma. Ricordate che la sponge cake si ammorbidirà anche grazie alla farcitura dopo qualche giorno in frigorifero.

1 Mescolate tutti gli ingredienti in un pentolino e scaldate a fuoco medio. Mescolate di tanto in tanto per controllare che lo zucchero sia ben sciolto.

2 Fate bollire lo sciroppo per un minuto e poi togliete dal fuoco.

3 Mettete lo sciroppo in un barattolo pulito o in un contenitore a chiusura ermetica e chiudete con il coperchio quando è ancora caldo per impedire l'evaporazione dell'acqua. Lasciate raffreddare a temperatura ambiente prima di utilizzare.

4 Lo sciroppo si conserva in frigorifero nel barattolo e nel contenitore a chiusura ermetica fino a un mese.

Varianti

Brandy: aggiungete 100 ml di brandy quando togliete lo sciroppo dal fuoco.

Arancia: fate bollire gli ingredienti insieme alla buccia di un'arancia fresca (evitate la parte bianca perché renderebbe amaro lo sciroppo). Quando togliete lo sciroppo dal fuoco, aggiungete 50 ml di liquore all'arancia (Cointreau) e versate in un barattolo, filtrando il tutto.

Limone: quando togliete lo sciroppo dal fuoco, aggiungete scorza di limone (evitate la parte bianca) e un goccio di limoncello. Versate in un barattolo, filtrando il tutto.

Vaniglia: bollite lo sciroppo con due baccelli di vaniglia, ai quali avrete raschiato i semi. Aggiungete poche gocce di estratto naturale di Vaniglia del Madagascar allo sciroppo bollito e rimuovete i baccelli prima dell'utilizzo.

Cioccolato: aggiungete alla ricetta un cucchiaio raso di cacao in polvere e 50 ml di brandy e portate a bollore. Usate questo sciroppo al cioccolato solo per la sponge cake al cioccolato.

GANACHE AL CIOCCOLATO FONDENTE

Questa è una delle mie farciture preferite per la sua consistenza e cremosità. Può essere utilizzata come farcitura e come copertura delle torte.

Ingredienti

500 gr SK Dark Belgian Chocolate Couverture: cioccolato fondente belga da copertura Squires Kitchen

500 ml di panna

50 ml di miele

Attrezzatura necessaria

Pentolino

Ciotola grande

Fruste

Spatola

1 Versate in un pentolino la panna e il miele e scaldate a fuoco medio, portando a bollore.

2 Mettete il cioccolato da copertura in una ciotola ampia. Togliete il pentolino dal fuoco e versate sul cioccolato la miscela di panna e miele. Mescolate bene dal centro ai lati finché la ganache avrà un aspetto brillante e liscio.

3 Fate raffreddare la ganache in frigorifero, mescolando di tanto in tanto con una spatola, finché non sarà morbida e cremosa.

Varianti

Brandy: quando la ganache sarà pronta, aggiungete 100 ml di brandy o altro liquore a vostra scelta (facoltativo).

Il consiglio dell'esperto

Se preferite, potete sostituire il miele con lo sciroppo di glucosio. Entrambi conferiranno alla ganache una consistenza cremosa.

GANACHE AL LAMPONI

Amo questa farcitura perché la purea di lamponi dà un sapore particolare e aumenta la cremosità. Per una deliziosa accoppiata, farcite una sponge cake al cioccolato con strati sottili di ganache ai lamponi e marmellata di lamponi fatta in casa. Per esaltare gusto e morbidezza della torta, utilizzate come bagna uno sciroppo di zucchero aromatizzato con liquore al lampone.

Ingredienti

500 gr SK Dark Belgian Chocolate Couverture (al 50% di cacao): cioccolato fondente belga da copertura Squires Kitchen

300 gr di purea di lamponi

200 ml di panna

50 ml di miele

50 ml di liquore al lampone

Attrezzatura necessaria

Pentolino

Ciotola grande

Fruste

Spatola

1 Versate in un pentolino la panna, il miele, il liquore al lampone e la purea di lamponi e portate a bollore.

2 Mettete il cioccolato da copertura in una ciotola ampia. Togliete il pentolino dal fuoco e versate sul cioccolato la miscela preparata. Mescolate bene dal centro ai lati finché la ganache non avrà un aspetto brillante e liscio.

3 Fate raffreddare la ganache in frigorifero, mescolando di tanto in tanto con una spatola, finché non sarà morbida e cremosa.

GANACHE AL FRUTTO DELLA PASSIONE

Amo usare questa farcitura con torte al limone o alle mandorle e bagna di sciroppo alla pesca.

Ingredienti

650 gr SK Milk Belgian Chocolate Couverture: cioccolato al latte da copertura Squires Kitchen

300 gr di purea di frutto della passione

100 ml di panna

30 ml di miele

100 g di burro

Attrezzatura necessaria

Pentolino

Fruste

Ciotola grande

Pellicola per alimenti

1 Versate in un pentolino la purea di frutto della passione, il miele e la panna e portate a bollore.

2 Mettete il cioccolato al latte da copertura in una ciotola ampia. Togliete il pentolino dal fuoco e versate sul cioccolato la miscela preparata con il frutto della passione. Amalgamate bene gli ingredienti e unite per ultimo il burro. Coprite con la pellicola per alimenti e lasciate riposare in frigorifero per tutta la notte.

Il consiglio dell'esperto

È consigliabile coprire la ganache con pellicola per alimenti prima di riporla in frigorifero. Questo eviterà che gli odori di altri cibi conservati in frigorifero possano intaccare il sapore della ganache.

MARSHMALLOW

L'impasto dei marshmallow ha molteplici usi ed è semplice da fare se avete un termometro digitale (oppure un termometro per lo zucchero). Può essere colorato con colori alimentari liquidi o in pasta e aromatizzato a piacere. Potete usarlo per ricoprire i biscotti o come farcitura.

Ingredienti

Per il mix di gelatina:

75 ml di acqua

18 gr di gelatina in polvere insapore

1 cucchiaino da tè di estratto di vaniglia

Un pizzico di sale

Per lo sciroppo:

65 ml di acqua

220 gr di zucchero semolato

30 ml di glucosio

80 ml di miele

Attrezzatura necessaria

Mixer con frusta

Tegame con fondo pesante

Termometro digitale

1 Per il mix di gelatina: mettete acqua, sale ed estratto di vaniglia nella ciotola del mixer e predisponete l'attacco a frusta. Versate nell'acqua la gelatina in polvere a pioggia e in modo uniforme e lasciate riposare per circa dieci minuti finché non otterrete una consistenza spugnosa.

2 Per lo sciroppo: versate l'acqua, lo zucchero semolato, il miele e il glucosio in un tegame a fondo pesante. Cuocete a fuoco medio e portate a bollore finché la temperatura raggiungerà 117°C. Cercate di non mescolare lo sciroppo mentre sta bollendo per evitare la formazione di cristalli di zucchero. Quando lo sciroppo raggiungerà 117–118°C, togliete il tegame dal fuoco e lasciate scendere la temperatura dello sciroppo a 100°C.

3 Versate lo sciroppo nel mix di gelatina e sbattete a velocità media. Mantenete la velocità media per avere una meringa lucida e consistente. L'impasto per i marshmallow sarà pronto per l'uso quando la temperatura scenderà a 40–45°C.

Come fare le "palle di neve"

1 Mettete l'impasto tiepido per i marshmallow in una sac à poche monouso dotata di beccuccio tondo Savoy (dentellato) da 5 mm e con questa riempite uno stampo a piccole semisfere, come mostrato. (Non è necessario ungere o infarinare lo stampo). Lasciate una cupoletta di impasto in cima allo stampo per rendere poi la forma della palla di neve.

2 Cospargete ogni pallina con noce di cocco grattugiata, inserite nel mezzo un bastoncino da lecca lecca e lasciate rassodare per un paio d'ore. Il tempo di consolidamento dipende dal clima: lasciatele più a lungo se il clima è umido.

3 Premete dal basso le semisfere in silicone in modo da facilitare l'uscita delle palline di marshmallow dallo stampo. Grazie alla sua consistenza elastica, il marshmallow non si romperà facilmente quando lo toglierete dallo stampo e manterrà la forma. Rotolate le palline nel cocco grattugiato quando sono ancora umide, rivestendone tutta la superficie con il cocco. Se non amate il gusto del cocco, spolverizzate in alternativa dello zucchero a velo.

GHIACCE E PASTE DI ZUCCHERO

SUGARPASTE O PASTA DI ZUCCHERO

Solitamente io utilizzo pasta di zucchero già pronta per risparmiare tempo e perché trovo abbia una consistenza ideale e malleabile, ma è sempre utile avere una ricetta per la pasta di zucchero se preferite prepararla da voi. Ricordate che la consistenza dipenderà dal clima e quindi potrebbero essere necessari piccoli aggiustamenti alla ricetta.

Ingredienti

120 ml di acqua

20 gr di gelatina in polvere insapore

200 gr di sciroppo di glucosio

30 gr di glicerina Squires Kitchen*

40 gr di grasso vegetale ammorbidito (tipo Crisco)

2 kg di zucchero per ghiaccia/a velo

5 ml (1 cucchiaino da tè) di SK CMC Gum – CMC Carbossimetilcellulosa sodica Squires Kitchen

10 ml (2 cucchiaini da tè) di estratto di vaniglia (chiaro)

Attrezzatura necessaria

Ciotola resistente al calore

Spatola di silicone

Fruste

Ciotola per bagnomaria

Microonde

Setaccio

Busta per alimenti richiudibile, in polietilene

* Evitate di utilizzare glicerina in condizioni climatiche di elevata umidità.

1 Versate l'acqua in una ciotola resistente al calore. Versate a pioggia la gelatina nell'acqua e lasciatela riposare per circa cinque minuti. Mettete questa ciotola sopra un contenitore per bagnomaria, assicurandovi che il fondo della ciotola con il composto non tocchi l'acqua, e portate l'acqua a leggero bollore. Mescolate finché la gelatina non sarà completamente sciolta e trasparente.

2 Fate sciogliere il grasso vegetale (tipo Crisco) a bagnomaria o in microonde. Mentre la ciotola con la gelatina è ancora a bagnomaria, aggiungetevi il Crisco sciolto, il glucosio, la glicerina (se necessaria) e l'estratto di vaniglia. Sbattete bene finché gli ingredienti non saranno ben amalgamati. Togliete la ciotola dal calore.

3 Setacciate 500 gr di zucchero a velo con il CMC e versate il tutto nel mix di gelatina. Mescolate bene finché tutti gli ingredienti non saranno ben amalgamati. Continuate ad aggiungere lo zucchero a velo finché non otterrete un impasto compatto.

4 Spolverizzate la superficie di lavoro con zucchero a velo. Togliete la pasta di zucchero dalla ciotola, raschiando le pareti, e lavorate energicamente a mano con il restante zucchero a velo finché la pasta diventerà malleabile e non attaccherà più alla superficie di lavoro.

5 Quando non la utilizzate, conservate la pasta di zucchero in una busta di polietilene per alimenti sigillata, per evitare che indurisca (vedere note sotto sulla conservazione).

Colorare e conservare la pasta di zucchero

La pasta di zucchero fatta in casa oppure acquistata può essere colorata e conservata esattamente nello stesso modo della pasta da modelling (modelling paste). Troverete indicazioni in merito a pag. 26.

MODELLING PASTE O PASTA DA MODELLING

È importante utilizzare una pasta di buona qualità quando dovete modellare dei soggetti. Personalmente preferisco usare una pasta che contenga CMC (Carbossimetilcellulosa): questo non solo permette di ottenere una pasta con una buona consistenza ed elasticità, ma anche che tenga la forma. Ci sono molte marche differenti in commercio ma raccomando sempre di usare la pasta che conoscete e con cui vi trovate bene.

Per i soggetti di questo libro ho utilizzato una modelling paste più consistente, ottenuta mescolando pari quantità di Mexican Modelling Paste (MMP) Squires Kitchen con Sugar Florist Paste (SFP) Squires Kitchen. In ogni caso, se non riusciste a trovare questi prodotti o se preferite farvi la vostra pasta, potete seguire questa ricetta.

Ingredienti

50 ml di acqua

7 gr di gelatina in polvere insapore

50 gr di albumi a temperatura ambiente (io utilizzo una miscela di SK Fortified albumen e acqua per raggiungere i 50 gr**)

120 gr di sciroppo di glucosio

30 gr di grasso vegetale ammorbidito (tipo Crisco)

5 ml (1 cucchiaino da tè) di glicerina Squires Kitchen*

15 ml (1 cucchiaio) di SK CMC Gum – CMC Carbossimetilcellulosa sodica Squires Kitchen

1 kg di zucchero per ghiaccia/a velo (potreste averne bisogno anche di più, come indicato a pag. 42)

50 gr di amido di mais

10 ml (2 cucchiaini da tè) di estratto di vaniglia (chiaro)

Attrezzatura necessaria

Ciotola resistente al calore

Ciotola per bagnomaria

Fruste

Setaccio

Busta per alimenti richiudibile, in polietilene

1 Mettete l'acqua in una ciotola resistente al calore. Versate a pioggia la gelatina nell'acqua e lasciatela riposare per circa cinque minuti. Mettete questa ciotola sopra un contenitore per bagnomaria, assicurandovi che il fondo della ciotola con il composto non tocchi l'acqua, e portate l'acqua a leggero bollore. Mescolate finché la gelatina non sarà completamente sciolta e trasparente.

2 Fate sciogliere a bagnomaria o nel microonde il grasso vegetale (Crisco). Mentre la ciotola con la gelatina è ancora a bagnomaria, aggiungetevi il Crisco sciolto, il glucosio, la glicerina (se necessaria) e l'estratto di vaniglia. Sbattete bene finché gli ingredienti non saranno ben amalgamati. A questo punto, fate attenzione a non scaldare troppo il composto: non fate mai bollire la gelatina.

3 Togliete la ciotola dal bagnomaria e versate nel composto gli albumi freschi o in polvere (ricostituiti).

In questa fase la miscela dovrà essere calda ma non troppo, altrimenti la gelatina si separerà.

4 Setacciate in una ciotola 500 gr di zucchero a velo con il CMC e l'amido di mais; versate quindi il tutto nel mix di gelatina. Continuate ad aggiungere zucchero a velo finché non otterrete un impasto compatto e appiccicoso.

5 A questo punto togliete il mix dalla ciotola e impastate bene con lo zucchero a velo rimanente finché la pasta non diventerà malleabile e non si attaccherà più al piano di lavoro.

6 Quando non la utilizzate, conservate la pasta in una busta di polietilene per alimenti sigillata per evitare che indurisca (vedere note sotto sulla conservazione).

Troverete importanti consigli per il modelling e per l'uso della modelling paste da pag. 40 a pag. 42.

*Evitate di usare la glicerina in condizioni climatiche molto umide.

**Si raccomanda l'utilizzo unicamente di uova pastorizzate per cibi che non vengono sottoposti a cottura (o che subiscono una cottura molto rapida). Se decidete di utilizzare albumi freschi, assicuratevi che le uova riportino stampate sul guscio tutte le informazioni che permettono la tracciabilità del prodotto e sulla filiera produttiva e che siano esenti da salmonella. Si tratta di indicazioni importanti sia per chi si occupa della fase di preparazione delle torte sia per chi decora, poiché le uova vengono utilizzate negli impasti ma anche nella preparazione della ghiaccia, del marzapane e delle farciture.

Come colorare la pasta di zucchero e la pasta da modelling

Presso i distributori specializzati è disponibile un'ampia gamma di colori alimentari in pasta, in polvere o liquidi e questo permette una notevole varietà nella resa dei soggetti in pasta di zucchero. Squires Kitchen offre una vasta gamma di colori alimentari che non contengono glicerina e che quindi non producono alterazioni di consistenza nella pasta di zucchero una volta asciutta (vedi pagina 46).

Personalmente suggerisco di utilizzare colori alimentari in pasta per ottenere sia tonalità chiare sia scure; i colori liquidi sono consigliabili per i toni pastello quando va utilizzata una minima quantità di colore e non dovrebbero essere usati invece quando si vuole ottenere una tonalità intensa poiché l'aggiunta di quantità maggiori di colorante renderebbe la pasta troppo morbida e appiccicosa.

I colori alimentari in pasta sono molto concentrati, per cui è sufficiente aggiungere poco colore per volta usando la punta di uno stecchino, finché non si ottiene la tonalità desiderata.

Miscelate il colore nella pasta, impastando bene. Lasciate riposare la pasta colorata per un paio d'ore in una busta di polietilene per alimenti ben chiusa, in modo che il colore possa fondersi bene e stabilizzarsi.

Come colorare una grande quantità di pasta di zucchero (per es. per la copertura di una torta):

Per prima cosa prendete una piccola quantità di pasta di zucchero e aggiungete il colore con la punta di uno stecchino fino a raggiungere una tonalità molto concentrata della tinta desiderata, per es. rosso intenso. Poco per volta aggiungete poi piccole quantità di pasta colorata alla pasta di zucchero bianca, finché non otterrete il colore desiderato: con il rosso intenso aggiunto alla pasta bianca, per esempio, potrete ottenere il rosa chiaro.

Con questo metodo sarà più semplice mescolare il colore e controllarne le sfumature, riducendo il rischio di rovinare la pasta di zucchero con un eccessivo uso di colore direttamente dal vasetto.

Come conservare la pasta di zucchero, quella da modelling e il pastillage

Una volta che la pasta è colorata e pronta all'uso, cospargetene la superficie con il Crisco per evitare che indurisca e lasciatela riposare in una busta di polietilene per alimenti. Conservate la busta ben chiusa in un contenitore ermetico per mantenere più a lungo la pasta.

Una volta sigillata, la pasta di zucchero fatta in casa, la pasta da modelling e il pastillage si mantengono come segue:

• A temperatura ambiente fino a 15 giorni.

• Nel frigorifero fino a un mese.

• Nel freezer fino a due mesi.

Togliete la pasta dal frigorifero o dal freezer e lasciatela a temperatura ambiente. Prima di usarla, lavoratela bene per renderla nuovamente malleabile.

Se utilizzate paste già pronte, controllate sulla confezione le indicazioni per la conservazione.

Il consiglio dell'esperto

Non avvolgete la pasta di zucchero nella pellicola perché è leggermente porosa e quindi non evita l'indurimento della pasta.

ROYAL ICING O GHIACCIA REALE

La ghiaccia reale è una delle ricette più semplici per chi fa decorazione e tuttavia è molto utile per le sue infinite possibilità di utilizzo. Per i soggetti di questo libro ho utilizzato il preparato di Squires Kitchen Instant Mix Royal Icing, ma se preferite farvi da voi la ricetta, vi consiglio questa. Assicuratevi per prima cosa che tutte le ciotole e le spatole che userete per la ghiaccia reale siano perfettamente pulite e senza tracce di grasso, per non compromettere il risultato finale.

Ingredienti

40 gr di albumi, a temperatura ambiente (io utilizzo una miscela di SK Fortified albumen e acqua per raggiungere i 40 gr secondo le istruzioni sulla confezione)**

250 gr – 300 gr di zucchero per ghiaccia/a velo

5 ml (1 cucchiaino da tè) di succo fresco di limone, filtrato

Attrezzatura necessaria

Mixer con frusta piatta

Spatola di silicone

Contenitore di plastica a chiusura ermetica

Pellicola per alimenti

Carta da cucina

** Si veda quanto riportato a pag. 25 in merito all'uso delle uova in cibi che non vengono sottoposti a cottura.

1 Versate gli albumi nel mixer elettrico al quale avrete agganciato la frusta piatta. Sbattete leggermente gli albumi a velocità media. Se state usando albumi in polvere, seguite le istruzioni sulla confezione per ricostituirli e sbatteteli poi come già indicato.

2 Aggiungete lo zucchero a velo agli albumi (freschi o ricostituiti), un cucchiaio per volta, continuando a mescolare a bassa velocità. Continuate con il mixer finché non otterrete una consistenza cremosa, quindi aggiungete il succo di limone. Aggiungete ancora zucchero a velo fino a ottenere una consistenza "soft peak" (l'aspetto dovrà essere quello di una crema morbida e liscia).

3 Mettete la ghiaccia reale in un contenitore ermetico di plastica e, prima di chiudere con il coperchio,

copritelo con la pellicola per alimenti a contatto, per evitare che la superficie si secchi. Potete mettere sulla pellicola un pezzo di carta da cucina inumidita per mantenere morbido il composto.

Consistenze

Avrete bisogno di diverse consistenze di ghiaccia reale per i diversi usi:

Soft peaks: per riempire gli occhi e tracciare linee, puntini e bordi sulle torte. Seguite la ricetta sopra illustrata e controllate che la ghiaccia formi delle punte piegate quanto la sollevate con una spatola.

Stiff peaks: per fissare le figure alla torta e per decorare i capelli. Aggiungete un po' di zucchero a velo setacciato alla ghiaccia e mescolate di nuovo finché non raggiungerete la consistenza "stiff peak", cioè una consistenza ferma in cui i picchi rimangono alti e non si piegano.

Run-out: per riempire gli spazi tra i contorni di ghiaccia (nei biscotti decorati) o per ricoprire torte e cupcake. Aggiungete poche gocce di acqua fredda, precedentemente bollita, per ottenere una consistenza fluida. Quando la sollevate con una spatola, la ghiaccia run-out dovrebbe ritornare piatta in circa dieci secondi.

Consistenza run-out   Soft peaks   Stiff peaks

Come colorare la ghiaccia reale

Potrete colorare la ghiaccia reale con colori alimentari in pasta o liquidi. Se utilizzate colori in pasta, intingete la punta di uno stecchino nel colore e trasferitelo poi nella ciotola della ghiaccia, mescolando con una spatola. Aggiungete poco colore per volta finché non otterrete la tonalità desiderata.

Nel caso di coloranti liquidi, usate la punta di un coltello oppure un contagocce per aggiungere piccole quantità di colore alla ghiaccia e mescolate bene come indicato precedentemente.

Una volta colorata la ghiaccia, tenetela in una ciotola coprendola con pellicola alimentare a contatto e con un pezzo di carta da cucina inumidito per fare in modo che non si formi la crosticina sulla superficie.

Come conservare la ghiaccia reale

La ghiaccia reale può essere conservata in frigorifero per una settimana se vengono utilizzate uova fresche. Dopo un paio di giorni in frigorifero potrete notare che la ghiaccia si separa, lasciando in superficie uno spesso strato di zucchero e uno strato più acquoso sotto. Basterà togliere la ghiaccia dal frigorifero e lasciarla a temperatura ambiente. Toglietela dal contenitore, avendo cura di non inglobare eventuali parti secche depositate sui bordi della ciotola e sbattete nuovamente nel mixer finché non otterrete la consistenza iniziale.

PASTILLAGE O PASTIGLIACCIO

Il prodotto più veloce e più semplice da usare è il preparato istantaneo di Squires Kitchen, SK Instant Mix Pastillage. Oltre a essere estremamente facile da utilizzare, consente anche di ottenere sempre la stessa consistenza. In ogni caso, quando ho bisogno di farlo in casa, uso sempre questa ricetta.

Ingredienti

80 gr di albumi, a temperatura ambiente (io uso una miscela di SK Fortified albumen e acqua per avere gli 80 gr secondo le istruzioni sulla confezione)**

800 gr zucchero per ghiaccia/a velo, e anche di più all'occorrenza (vedere il consiglio sotto)

5 ml (1 cucchiaino da tè) di SK CMC Gum – CMC Carbossimetilcellulosa sodica Squires Kitchen

Estratto di vaniglia, chiaro

Grasso vegetale ammorbidito, tipo Crisco

Attrezzatura necessaria

2 ciotole grandi

Cucchiaio di legno

Busta per alimenti richiudibile, in polietilene

** Si veda quanto riportato a pag. 25 in merito all'uso delle uova in cibi che non vengono sottoposti a cottura.

1   Mettete gli albumi in una ciotola grande.

2   In un'altra ciotola, setacciate metà dello zucchero a velo con il CMC e versate il tutto nella ciotola con gli albumi. Mescolate con un cucchiaio di legno fino a ottenere una pasta morbida ed elastica.

3   A questo punto togliete la pasta dalla ciotola e lavoratela su un piano di lavoro pulito, impastandola con il rimanente zucchero a velo finché non sarà ben malleabile e non si attaccherà più alla superficie.

4   Ungete la superficie del pastillage con un po' di Crisco per evitare che la superficie indurisca. Conservatelo in una busta di polietilene per alimenti sigillata e non lasciate il pastillage scoperto poiché indurisce molto velocemente.

Il consiglio dell'esperto

Tenete presente che la quantità di zucchero indicata nella ricetta è puramente indicativa. Potreste aver bisogno di una quantità maggiore, anche in relazione al tipo di zucchero che utilizzate e alle condizioni climatiche (per es. aggiungerete più zucchero con climi umidi). Non preparate troppo pastillage per volta perché asciuga velocemente; l'ideale sarebbe preparare solo quel tanto che basta per ritagliare il vostro modello. Se dovrete realizzare forme curve, per esempio i cilindri, è meglio utilizzare pastillage con CMC o gomma adragante. Questo consentirà di avere una pasta con una maggior resistenza e vi permetterà di avvolgerla intorno allo stampo mantenendo la forma.

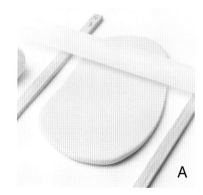

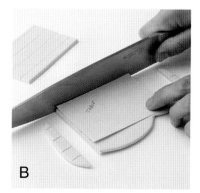

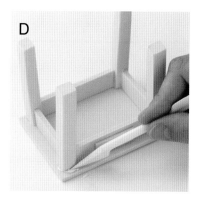

Come utilizzare il pastillage

1 Stendete del pastillage su un piano di lavoro spolverizzato con amido di mais. Per ottenere uno spessore uniforme è molto utile servirsi degli spessori, che si trovano in commercio anche con il nome di marzipan spacer (figura A).

2 Trasferite il pastillage su un tagliere spolverizzato con farina di mais, se necessario imprimete una trama e tagliate la forma che vi serve utilizzando un modello di riferimento. Servitevi di un coltello affilato a lama liscia per avere un taglio netto e ben dritto (figura B). Per ritagliare sagome circolari, utilizzate un cutter rotondo, spolverizzato con amido di mais.

3 Rimuotete dai bordi la pasta in eccesso e lasciate la vostra sagoma in pastillage sul tagliere ad asciugare. Una volta che la superficie sarà asciutta, girate la forma dall'altro lato in modo che entrambe le parti possano asciugare. Il tempo di asciugatura varia a seconda dello spessore del pezzo e delle condizioni climatiche (l'umidità allunga i tempi).

Come unire pezzi di pastillage asciutti

1 Riempite un conetto di carta con della ghiaccia di consistenza soft peak (vedi pag. 27), tagliate la punta del cono e stendete una linea di ghiaccia sulle parti che volete incollare (figura C).

2 Componete i pezzi nella posizione desiderata e rimuovete l'eccesso di ghiaccia con la punta di un attrezzo per il modelling o con un pennello pulito (figura D).

3 Una volta assemblati, lasciate asciugare completamente i pezzi.

Come fare dei cilindri in pastillage

1 Per fare un cilindro avrete bisogno di un tubo di plastica o di un cilindro in polistirolo da usare come stampo. Tagliate una striscia di pastillage usando come riferimento un modello in carta: la lunghezza della striscia deve essere la stessa della circonferenza dello stampo.

2 Spolverizzate il cilindro con amido di mais e avvolgetegli intorno la striscia in pastillage. Tagliate l'eccesso per ottenere una linea di congiunzione precisa.

3 Spennellate un'estremità con un po' di colla edibile e incollate i due bordi della striscia. Lasciate asciugare.

COLLA EDIBILE (DI ZUCCHERO)

La colla edibile è disponibile presso i rivenditori di materiale per sugarcraft, ma se desiderate farla in casa mescolate un cucchiaino da tè raso di CMC con 150 ml di acqua bollita raffreddata e qualche goccia di aceto bianco. Lasciate riposare per un paio di minuti finché il composto non avrà una consistenza gelatinosa. Se necessario, aggiungete un po' di acqua per avere una consistenza più morbida oppure un po' di CMC per renderla più densa.

La colla edibile si conserva in frigorifero in un barattolo chiuso per un mese.

Come colorare il pastillage

Il pastillage può essere colorato come qualsiasi altra pasta (vedi pag. 26) ma dovreste tener presente che bisognerà aggiungere un po' più di colore di quanto pensiate poiché tende a schiarire quando asciuga. Quando i pezzi di pastillage sono completamente asciutti possono essere dipinti con coloranti alimentari liquidi, con smalti edibili metallizzati o con colori in polvere diluiti con poche gocce di alcool chiaro.

Come usare la colla edibile

La colla edibile viene utilizzata per incollare tra loro pezzi in pasta ancora freschi. Questa colla funziona solo se uno o entrambi i pezzi sono ancora morbidi e perciò è necessario incollarli prima che asciughino completamente. Con un pennello mettete una piccola quantità di colla edibile sulla superficie e rimuovetene l'eccesso con le dita, lasciando la superficie appiccicosa.

Non utilizzate troppa colla altrimenti le diverse parti da incollare potrebbero scivolare via.

Il consiglio dell'esperto

Per ottenere una colla edibile forte, adatta ad incollare pezzi di pasta già asciutti, mescolate la colla con una piccola quantità di pastillage o SFP (pasta di zucchero specifica per i fiori) fino ad avere una consistenza morbida e viscosa.

Come preparare e ricoprire le torte da decorare

Come rivestire i bordi di una torta con una striscia di sponge cake

Rivestire i bordi di una torta con una striscia di sponge cake è una tecnica che uso regolarmente quando preparo una torta rotonda o quadrata di grandi dimensioni e con strati di farciture soffici o cremose. Questa tecnica vi permette di avere una definizione precisa dei bordi e dei lati della torta una volta che sarà ricoperta con la pasta di zucchero e vi consentirà anche di tralasciare la copertura con il marzapane, che non sempre incontra il gusto di tutti.

Se preferite preparare la torta nel modo tradizionale, non è necessario cuocere lo strato di sponge cake per rivestire i bordi della torta. Allo stesso modo, se dovete preparare una torta di piccole dimensioni non è necessario rivestirla con una striscia di sponge cake per farle mantenere la forma, per cui semplicemente ricoprite la superficie e i lati con uno strato di crema al burro e seguite le indicazioni dal punto 9 in avanti.

Le seguenti quantità sono riferite a una torta di 20 cm rotonda o quadrata.

Ingredienti

40 cm x 30 cm di vanilla sponge (vedere ricetta a pag. 12)*

3 strati di sponge cake da 20 cm, tondi o quadrati (vedere pag. 9-11)

300 ml di sciroppo di zucchero (vedi pag. 20)

300 gr di farcitura, per es. ganache (vedere pagg. 18-23)

150 gr di ganache o crema al burro per la copertura della torta

Attrezzatura necessaria

Foglio di acetato

Tortiera rotonda o quadrata da 20 cm, che servirà per rivestire la torta

Un pennello (riservato allo sugarcraft) o un pennello per dolci

Cake card, vassoio per torte in cartoncino, di diametro 20 cm

Cake drum, vassoio rigido per torte, di diametro 28 cm o vassoio in acciaio inox da utilizzare come base in fase di copertura della torta

Pellicola trasparente

Spatola in metallo

Raschietto di plastica

Base girevole

*Un rettangolo di sponge cake, tagliato in tre strisce nel senso della lunghezza, vi consente di rivestire due tortiere da 20 cm rotonde o quadrate, alte circa 10 cm.

1 Rivestite la tortiera o l'anello per torte con una striscia di acetato dell'altezza desiderata. Per una torta quadrata con spigoli dritti, tagliate l'acetato in quattro pezzi e incollateli all'interno di una tortiera con una piccola quantità di farcitura.

2 Avvolgete con una striscia di vanilla sponge i bordi interni della tortiera tenendo il lato della crosta rivolto verso l'interno. Per una torta quadrata con angoli netti, tagliate la sponge cake in quattro pezzi, posizionateli e fissateli al foglio di acetato usando una piccola quantità di farcitura.

3 Rivestite il fondo della torta con uno strato di vanilla sponge e bagnatelo con sciroppo di zucchero. Se necessario, sagomatelo leggermente in modo che si adatti alla teglia.

4 Fate un primo strato di farcitura.

5 Ripetete la sequenza di strati finché la vostra torta non avrà l'altezza desiderata.

6 Terminate con uno strato di sponge cake e spennellate con la bagna allo sciroppo.

7 Aiutandovi con una piccola quantità di crema per farcitura, fate aderire il vassoio in cartone all'ultimo strato di torta e avvolgete il tutto nella pellicola per alimenti. Conservate in frigorifero.

Il consiglio dell'esperto

Consiglio di farcire la torta tre giorni prima di decorarla. Ne acquisterà in sapore e morbidezza.

8 Capovolgete la torta sul cake drum (vassoio rigido) togliendola dalla tortiera. Rimuovete con cura la striscia in acetato.

9 Spalmate uno strato di crema al burro con la spatola, ricoprendo i lati e la superficie della torta. In questo modo "sigillerete" la torta e avrete una superficie perfetta per far aderire il marzapane o la pasta di zucchero.

10 Rimuovete l'eccesso di crema al burro con una spatola di plastica: sarà più semplice se utilizzerete un piatto girevole e farete ruotare la torta, tenendo la spatola ferma.

11 Qualche ora di riposo al fresco permetterà alla crema al burro di solidificarsi. Se lasciate la torta in frigorifero per tutta la notte, copritela con pellicola per alimenti in modo da evitare che assorba odori sgradevoli. Prima di rivestire la torta, applicate un altro strato di crema al burro per migliorare l'aderenza della pasta di zucchero.

Il consiglio dell'esperto

Se preferite, potete ricoprire la vostra torta (già rivestita con la striscia di sponge cake) con marmellata di albicocche anziché con crema al burro.

COME COPRIRE CON LA PASTA DI ZUCCHERO UNA TORTA DAI BORDI SMUSSATI

La maggior parte delle torte in questo libro è rivestita in pasta di zucchero utilizzando questo metodo. La quantità di pasta di zucchero necessaria per ciascuna torta viene riportata all'inizio di ogni progetto.

Ingredienti

Una torta, farcita e ricoperta (vedi sopra)

Pasta di zucchero

Zucchero per ghiaccia/a velo in uno spargizucchero

Attrezzatura necessaria

Mattarello grande

Coltello a lama liscia

Smoother (spatole per livellare le torte ricoperte in pasta di zucchero)

1 Togliete dal frigorifero la torta ricoperta (di crema al burro o marmellata). Prendete una quantità di pasta di zucchero sufficiente a rivestire la torta e impastatela finché non sarà morbida e malleabile.

2 Stendete la pasta di zucchero sulla superficie di lavoro spolverizzata con zucchero a velo e tiratela a uno spessore di circa 5 mm, poi sollevatela aiutandovi con il mattarello e posizionatela sulla torta.

3 Con il palmo delle mani fate aderire la pasta di zucchero alla

superficie e ai lati della torta, cercando di eliminare eventuali bolle d'aria. Tagliate la pasta in eccesso intorno alla base, utilizzando un coltello a lama liscia. Quando ricoprite mini cake rotonde, potete tagliate l'eccesso di pasta alla base direttamente con un cutter tondo.

4 Utilizzando due smoother, uno per mano, livellate delicatamente la torta per rimuovere le imperfezioni e ottenere una copertura perfetta.

5 La torta così ricoperta è ora pronta per la decorazione.

COME RIVESTIRE CON IL MARZAPANE UNA TORTA DAI BORDI DRITTI

Se vi serve una torta che abbia bordi dritti e precisi, uno strato di marzapane sotto la copertura in pasta di zucchero vi aiuterà a ottenere questo risultato.

Il consiglio dell'esperto

Mi piace usare il marzapane perché mi consente di dare una bella forma alla torta e inoltre la mantiene morbida. In ogni caso, se non amate il gusto del marzapane, potete omettere completamente questo passaggio o sostituire il marzapane con la pasta di zucchero.

Ingredienti

Una torta, farcita e ricoperta

Marzapane

Zucchero per ghiaccia/a velo in uno spargizucchero

Pasta di zucchero

Liquore chiaro (per es. gin o vodka)

Attrezzatura necessaria

Mattarello grande

Cake board grande (vassoio rigido per torte) di dimensioni maggiori della torta stessa

Coltello a lama liscia

Carta oleata

Smoother (spatole utilizzate per livellare le torte ricoperte in pasta di zucchero)

Vassoio per torte della stessa misura della torta stessa

Pennello per dolci

1 Togliete dal frigorifero la torta ricoperta (di crema al burro o marmellata).

2 Stendete il marzapane sulla superficie di lavoro spolverizzata con zucchero a velo e tiratelo a uno spessore di circa 3 mm. Posizionate il marzapane sul cake board (il vassoio rigido più grande della torta da ricoprire), spolverizzato di zucchero a velo. Mettete la torta capovolta sul marzapane e tagliate l'eccesso intorno alla base utilizzando un coltello a lama liscia.

3 Per ricoprire i lati della torta, tagliate una striscia di carta oleata della stessa altezza e circonferenza della torta. Stendete un pezzo di marzapane con il mattarello e utilizzate il modello in carta oleata per ritagliare la striscia di marzapane con le misure necessarie. Arrotolate la striscia così

ottenuta e fatela aderire al lato della torta. Srotolate il marzapane intorno alla torta e tagliatene l'eccesso per avere una linea di congiunzione precisa.

4 Servendovi di due smoother, livellate delicatamente i lati e la superficie della torta rivestita di marzapane per ottenere bordi dritti e precisi.

5 Posizionate sopra la torta un vassoio in cartoncino della stessa misura della torta stessa, fissandolo con un po' di crema al burro e capovolgete quindi la torta. Lasciate che il marzapane si rassodi prima di rivestire con la pasta di zucchero.

6 Con un pennello da dolci bagnato nel liquore chiaro inumidite la copertura di marzapane e rivestitela poi con pasta di zucchero come descritto a pag. 34.

COME RIVESTIRE CON LA PASTA DI ZUCCHERO UN CAKE DRUM, IL VASSOIO DI BASE PER LA VOSTRA TORTA

Per dare alle vostre torte un aspetto professionale, presentatele su un cake drum, rivestito di pasta di zucchero e bordato con un nastro.

Ingredienti

Colla edibile

Pasta di zucchero

Zucchero per ghiaccia/ a velo in uno spargizucchero

Attrezzatura necessaria

Pennello largo (dedicato esclusivamente a questo uso)

Mattarello

Cake board/drum, vassoio rigido sotto torta

Coltello affilato

Nastro

Colla stick atossica

1 Spennellate con un po' di colla edibile la superficie del vassoio (cake drum).

2 Lavorate la quantità di pasta di zucchero necessaria finché non diventerà malleabile e stendetela sul piano di lavoro spolverizzato con zucchero a velo a uno spessore di circa 4 mm, secondo le dimensioni che dovete ricoprire. Avvolgete la pasta di zucchero sul mattarello e posizionatela delicatamente sul vassoio.

3 Con lo smoother, fate aderire la pasta di zucchero al vassoio e

livellatela bene eliminando eventuali imperfezioni.

4 Tagliate la pasta di zucchero in eccesso lungo i bordi, usando un coltello affilato.

5 Rifinite con un nastro il bordo del vassoio, fissandolo con colla stick atossica e assicurandovi che la colla non venga a contatto con la pasta di zucchero. Sovrapponete il nastro nel punto di congiunzione e ricordate di tenere questa parte sul retro della torta quanto la poserete sul vassoio.

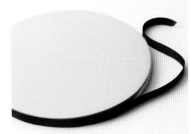

COME SOSTENERE UNA TORTA A PIANI

Se fate una torta a piani impilati, avrete bisogno di utilizzare i dowel (bacchette di sostegno di legno o di plastica) per evitare che i piani superiori affondino in quelli sottostanti.

Ingredienti

Torte, preparate e rivestite in pasta di zucchero, posizionate su vassoi (cake card) della stessa misura della torta.

Liquore chiaro (per es. gin o vodka) o acqua bollente

Pennarello alimentare Squires Kitchen (SK Food Colour Pen), di qualsiasi colore

Ghiaccia reale o pasta di zucchero ammorbidita con un po' di acqua (per fissare le torte)

Attrezzatura necessaria

Schema guida per l'inserimento dei dowel (bacchette di sostegno)

Dowel di plastica

Taglierino

1 Posizionate ciascuna torta su un vassoio in cartoncino della stessa misura della torta in modo tale che questo non si veda e rivestitela come di consueto (vedere pag. 34).

2 Con l'aiuto di uno schema guida o con un modello fatto da voi con carta oleata, segnate i punti in cui verranno inseriti i dowel. Usate tre dowel per le torte più piccole e quattro per quelle più grandi, in modo tale che sia assicurato un supporto sufficiente. I dowel dovrebbero essere equidistanti dal centro ma comunque entro la superficie coperta dal piano che andrà posizionato poi sopra.

3 Prima dell'utilizzo, sterilizzate tutti i dowels di plastica con liquore chiaro o in acqua bollente. Lasciate asciugare bene prima di utilizzarli.

4 Infilate ogni dowel nella torta fino a toccare il vassoio alla base. Con il pennarello alimentare fate un segno sul dowel a livello della superficie in pasta di zucchero. Ripetete il procedimento con gli altri dowel dello stesso piano, poi rimuoveteli dalla torta e tagliate con un taglierino alle altezze che avrete segnato.

Il consiglio dell'esperto

Se i segni sui dowel risultano ad altezze diverse, tenete per tutti come riferimento l'altezza maggiore, in modo che i piani sovrastanti non siano inclinati.

5 Inserite ora nuovamente i dowel nella torta. Quando avrete messo i sostegni a tutti i piani (eccetto l'ultimo), sovrapponeteli con cura, usando un po' di pasta di zucchero diluita con acqua o della ghiaccia reale per fissarli insieme.

COME COPRIRE UN DUMMY

Le basi in polistirolo (dummy) sono molto utili nel modelling: personalmente le uso spesso come basi per le figure perché assicurano un sostegno più stabile rispetto a una torta vera e inoltre, per la loro leggerezza, possono essere posizionate come topper di una torta senza bisogno di inserire sostegni (a meno che le figure siano particolarmente pesanti). Queste basi sono disponibili presso i rivenditori di materiale per sugarcraft (vedere pag. 192).

Le forme in polistirolo hanno molti altri usi nel modelling: vengono usate come supporti mentre si costruiscono le varie figure, possono essere ricoperte con pasta di zucchero e usate come parti stesse dei personaggi, per renderli più leggeri (come nel caso della sfera utilizzata per il busto del robot di pag. 76), usate come base per trasportare i personaggi e persino come stampi per i pezzi in pastillage. Per rivestire un dummy in polistirolo, spennellatelo con colla edibile e poi ricopritelo con pasta di zucchero come se fosse una torta vera (vedere pag. 34).

COME PREPARARE E RIVESTIRE LE MINI CAKE TONDE

Ingredienti

3 volte le dosi della ricetta della sponge cake, nel gusto preferito (vedere pag. 9)

400 ml di sciroppo di zucchero (vedere pag. 20)

600 gr di ganache al cioccolato fondente (vedere pag. 21)

600 gr di crema al burro o ganache per la copertura della torta (vedere pagg. 18–21)

2 kg di pasta di zucchero

Attrezzatura necessaria

2 teglie da forno rettangolari, misura 35 cm x 25 cm

Carta da forno

Griglia per raffreddare

Cutter tondo, di diametro 7 cm

Pennello per dolci

Sac a poche con beccuccio tondo, diametro 1cm

Spatola a gomito

12 cake card, vassoi in cartoncino per torte, di diametro 7 cm

Pellicola per alimenti

Dosi per dodici mini cake di diametro 7 cm.

Il consiglio dell'esperto

Per risparmiare tempo, lavorate su molte mini cake contemporaneamente, come si farebbe in una catena di montaggio.

1 Cuocete la sponge cake in due teglie rivestite con carta forno, seguendo la ricetta di pag. 9. Capovolgete le torte su una griglia per farle raffreddare, poi avvolgetele nella pellicola e fate riposare in frigorifero per tutta la notte.

2 Livellate la superficie della torta con un coltello a lama seghettata e ritagliate dei cerchi di 7 cm di diametro con un cutter. Mettete i cerchi così ottenuti su un vassoio ricoperto di carta forno e spennellate ogni tondo con un pennello imbevuto di sciroppo di zucchero.

3 Con la sac à poche distribuite la ganache su ogni tondo di sponge cake e ricoprite poi con un altro cerchio di torta. Spennellate ancora con lo sciroppo di zucchero e lasciate rassodare la farcitura in frigorifero.

4 Stendete uno strato di crema al burro sulla superficie e sui lati per un primo rivestimento delle mini cake e rendete liscia la superficie utilizzando una spatola a gomito. Con una piccola quantità di farcitura, fissate le mini cake ai vassoi in cartoncino.

5 Conservate le mini cake in frigorifero, avvolte nella pellicola per alimenti per evitare che assorbano cattivi odori.

6 Ricoprite le mini cake con la pasta di zucchero, con la stessa procedura che utilizzate per le torte di dimensioni maggiori (vedi pag. 34).

CONSIGLI E TECNICHE DI MODELLING

FORME BASE PER IL MODELLING

Se non siete esperti di modelling può essere difficile ottenere figure lisce e senza screpolature. Assicuratevi sempre di utilizzare il tipo giusto di pasta da modelling (vedi pag. 25) e seguite queste linee guida per dare alle vostre creazioni un aspetto levigato e professionale.

  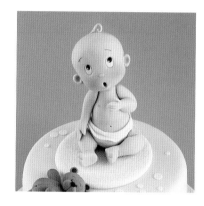

Sfera/palla

Prendete un pezzo di pasta da modelling tra le dita e i pollici e cominciate a tirare e ripiegare la pasta per darle una consistenza morbida e malleabile (figure A e B).

Tenete la pasta tra i palmi delle mani e premete con decisione. Premete e contemporaneamente lavorate la pasta con movimenti circolari per eliminare ogni screpolatura dalla superficie (figure C e D). Diminuite la pressione ma continuate a fare movimenti circolari finché non otterrete una sfera liscia (figure E e F).

La sfera è una forma di base tra le più importanti perché, quando si comincia a modellare, qualsiasi altra forma prende corpo da questa.

Cono/goccia

Formate una sfera liscia poi aprite le mani come illustrato e modellate una punta a un'estremità, facendo scorrere la sfera su e giù (figure G e H).

Forma a pera

Formate una sfera liscia e mettetela nel palmo di una mano. Premete e fate scorrere con l'altra mano di taglio su e giù, creando un "collo" a metà della sfera (figure I e J).

CONSIGLI UTILI PER L'UTILIZZO DELLA PASTA DA MODELLING

• Ungetevi le mani con del grasso vegetale (tipo Crisco) per evitare che la pasta si attacchi.

• Se la pasta risulta appicciicosa potete lavorarla con un po' di zucchero a velo in più o con un pizzico di CMC per aggiustarne la consistenza, specialmente quando i pezzi devono essere resistenti.

• Se la pasta è troppo dura, lavoratela con un po' di Crisco per renderla di nuovo elastica e malleabile. Potete anche aggiungete qualche goccia di acqua bollita per restituirle morbidezza.

• Se sulla pasta si sono formate parti dure, eliminatele con un coltello affilato in modo da riuscire a salvare la parte morbida più interna. Questo solitamente accade quando la pasta non viene conservata correttamente in un sacchetto di plastica per alimenti a chiusura ermetica.

• Conservate la pasta in frigorifero quando non la utilizzate, sempre ben chiusa in una busta di plastica per alimenti a chiusura ermetica. Questo è fondamentale soprattutto se vivete in zone climatiche calde e umide.

• Se la pasta vi sembra troppo morbida e non tiene la forma, aggiungete gradualmente del CMC per migliorarne la consistenza.

• In condizioni climatiche di estrema umidità non utilizzate pasta o colori alimentari che contengano glicerina (conosciuta anche come glicerolo). La glicerina assorbe l'umidità presente nell'aria e impedisce alla pasta di asciugare correttamente.

• Se vi sembra che la pasta asciughi velocemente mentre state modellando, aggiungete un po' di pasta che contenga glicerina, come la pasta di zucchero o il fondant che vengono solitamente usati per la copertura delle torte. La glicerina contenuta nella pasta di zucchero aiuterà la pasta a rimanere morbida più a lungo.

• Il modo migliore per capire le reazioni della pasta in particolari condizioni climatiche e in casi specifici è provare a utilizzarla. Procedere per tentativi vi consentirà di prendere la decisione migliore nel momento in cui dovrete utilizzare la pasta, quindi non abbiate timore di sperimentare.

PROPORZIONI PER PERSONAGGI DALL'ASPETTO SIMPATICO

Quando modellate i vostri personaggi, le proporzioni che seguirete li faranno sembrare più simpatici (testa più grande) o più realistici (testa più piccola).

Se fate la testa (A) all'incirca delle stesse dimensioni del busto (B) avrete un personaggio dall'aspetto simpatico: troverete applicata questa regola di base nella maggior parte dei personaggi di questo libro. Potete variare questo rapporto testa/busto se volete creare un particolare tipo di figura, ma il volume della testa dovrebbe essere all'incirca lo stesso di quello del busto se volete ottenere dei personaggi umani o animali dall'aspetto carino. Potete vedere nel disegno come creare una figura maschile con la testa delle stesse dimensioni del busto. Per una figura femminile, dovrete semplicemente assottigliare il punto vita e aggiungere il seno.

Quando volete creare un personaggio umano, prendete come riferimento la misura della testa o del busto per definire la lunghezza degli arti e l'altezza complessiva della figura. L'altezza ideale per un personaggio umano è di cinque o sei volte la misura della testa. Le gambe misurano due volte e mezza la lunghezza della testa. Tenete presente infine che le braccia, una volta attaccate in posizione, dovrebbero arrivare un po' sopra le ginocchia.

Oltre a sperimentare diversi rapporti testa/busto, potete anche fare gambe,

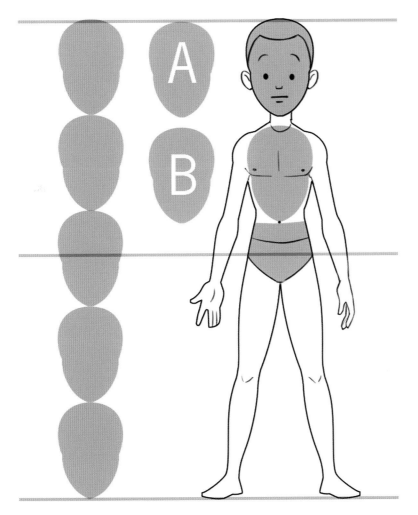

braccia e collo più lunghi per stilizzare il vostro personaggio. È importante considerare queste proporzioni semplicemente come un'indicazione: non devono essere vincolanti quando create i vostri personaggi. Il mio invito è quello di sperimentare e scoprire le vostre proporzioni ideali da adottare nel modelling, usando questi suggerimenti solo come punto di partenza.

Potrete rappresentare differenti età semplicemente spostando la posizione degli occhi. Dopo aver modellato la testa, disegnate una linea immaginaria che ne segni la metà.

Per rappresentare un giovane dovrete posizionare gli occhi sotto questa linea immaginaria, mentre per un personaggio più anziano gli occhi saranno sopra questa linea. Di norma, più gli occhi sono in basso rispetto alla linea mediana, più giovane sembrerà il viso, mentre più sono in alto rispetto alla linea, più il personaggio sembrerà vecchio.

Le sopracciglia sono parte di un cerchio immaginario che passa intorno all'occhio: questo cerchio può essere allungato o schiacciato per ottenere diverse espressioni, come illustrato sotto.

Infine, le orecchie dovrebbero essere posizionate tra l'altezza degli occhi e quella della base del naso.

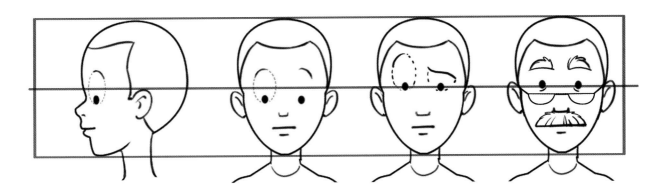

COME REALIZZARE UNO STAMPO IN SILICONE PER MODELLARE UNA TESTA

I rivenditori di materiale per sugarcraft offrono molte varianti di stampi per il modelling delle teste: la serie Great Impressions di Squires Kitchen include tutti gli stampi necessari utilizzati in questo libro (vedi pag. 192). Se state cercando di fare una testa in una dimensione diversa potete però realizzare da soli il vostro stampo: con questa tecnica potrete creare uno stampo a partire da qualsiasi testa di bambola. Mi piace realizzare personalmente i miei stampi in modo da avere teste di diverse dimensioni e con diverse espressioni per le mie figure umane.

Attrezzatura necessaria

Pasta siliconica (per es. Siligum)

Testa di bambola, sterilizzata con liquore chiaro

Gesso

100 ml di acqua fredda

Un piccolo contenitore di plastica

1. Per fare un calco del volto, miscelate le due bi-componenti della pasta siliconica seguendo le istruzioni sulla confezione. Formate una palla e premetela leggermente con il palmo della mano sul viso della bambola per seguirne la forma. Lasciate rassodare la pasta siliconica.

2. Nel frattempo preparate la base in gesso che farà da sostegno allo stampo in silicone. Versate in 100 ml di acqua un cucchiaino per volta di gesso, finché non otterrete una miscela densa.

3. Versate la miscela di gesso in un contenitore di plastica di dimensioni sufficienti a contenere la testa.

4. Premete delicatamente la testa con la pasta siliconica nella base in gesso e lasciate asciugare.

5. Quando il gesso si sarà asciugato, togliete la testa della bambola dallo stampo in silicone. Sterilizzate sempre lo stampo, prima di ogni uso, passandolo con carta da cucina imbevuta di liquore chiaro.

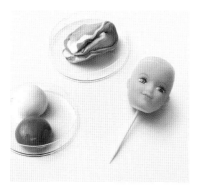

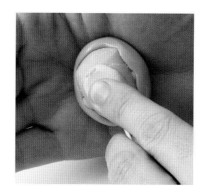

COME MODELLARE UNA TESTA A PARTIRE DA UNO STAMPO COLATO

Il consiglio dell'esperto

Non utilizzate una pasta da modelling morbida per fare una testa da uno stampo: una pasta piuttosto soda vi permetterà di ottenere i migliori risultati. Per una maggior resistenza, aggiungete un pizzico di CMC alla pasta o mescolatela con pari quantità di pasta per fiori (SFP Sugar Florist Paste) – (vedi pag. 25).

1 Formate una palla con la pasta da modelling e premetela bene con il pollice nello stampo per riempire la forma.

2 Con la pasta da modelling formate un'altra pallina che userete per riempire la cavità creata dal pollice.

3 Tagliate la pasta in eccesso con un paio di forbici modellando il retro della testa.

4 Inserite uno stuzzicadenti nella pasta per facilitarvi poi l'estrazione dallo stampo.

5 Togliete la testa dallo stampo con attenzione e poi rimuovete anche lo stecchino.

6 Tagliate la pasta in eccesso dai bordi del viso.

7 Modellate la testa e aggiungete i dettagli al volto mentre la pasta è ancora morbida. Lasciate solidificare.

USO DEL COLORE

Per tutti i progetti di questo libro sono stati utilizzati i colori professionali in pasta Squires Kitchen (SK Professional Paste Food Colours) perché la loro varietà copre l'intera gamma dei colori. Se non li conoscete oppure se utilizzate una marca diversa potete seguire lo schema seguente per capire come mischiare i colori generici per ottenere le tinte desiderate.

Colori Squires Kitchen	Colori generici	Colori Squires Kitchen	Colori generici
Poppy (rosso papavero)	rosso + un tocco di giallo o arancione	Holly/Ivy (verde agrifoglio)	verde + un tocco di rosso o arancione
Poinsettia (rosso stella di Natale)	rosso + un tocco di blu o viola	Olive (verde oliva)	verde + un tocco di giallo + un tocco di arancione
Rose (color rosa)	rosa	Cream (crema)	bianco + un tocco di giallo + un tocco di marrone
Fuchsia (fucsia)	rosa + un tocco di viola	Edelweiss (bianco stella alpina)	bianco
Cyclamen (ciclamino)	rosso + un tocco di lilla o viola	Jet Black	nero
Lilac (lilla)	lilla	Teddy Bear Brown (marrone caldo)	marrone + un tocco di giallo
Terracotta	rosso + verde o marrone	Bulrush (palude)	marrone scuro
Sunny Lime (verde acido)	giallo + un tocco di verde	Hydrangea (azzurro ortensia)	verde + un tocco di blu
Berberis	arancione	Bluegrass (verde gramigna)	verde + un tocco di blu + un tocco di giallo
Daffodil (giallo narciso)	giallo	Hyacinth (blu giacinto)	un tocco di blu
Sunflower (giallo girasole)	giallo + un tocco di rosso o arancione	Gentian (blu genziana)	blu
Mint (verde menta)	verde	Bluebell, Wisteria (campanula, glicine)	blu + un tocco di viola
Vine (verde vite)	verde + un tocco di giallo	Plum, Thrift, Violet (Prugna, Violetta)	viola
Dark Forest (verde scuro)	verde + un tocco di rosso o arancione + un tocco di blu		

Potete ottenere un delicato color carne nei seguenti modi:

Colori Squires Kitchen (SK): bianco + un tocco di marrone Teddy Bear o marrone Chestnut (castagna) **Colori generici:** bianco + un tocco di marrone + un tocco di giallo oppure	**Colori Squires Kitchen (SK):** bianco + un tocco di Poppy (rosso papavero) + un tocco di Sunflower (giallo girasole) **Colori generici:** bianco + un tocco di giallo + un tocco di rosso.

Troverete le indicazioni su come colorare la pasta da modelling, il pastillage e la ghiaccia reale da pagina 26 a pagina 31.

Le tecniche per dipingere e colorare

Con i colori alimentari si possono creare infiniti effetti. Illustrerò qui alcune delle tecniche utilizzate in questo libro: possono essere applicate su qualsiasi figura per farle prendere vita.

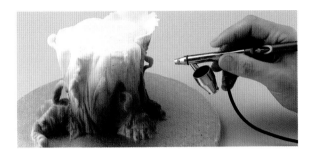

Aerografo

Se avete un aerografo dovrete utilizzare colori alimentari liquidi. Se il colore è troppo intenso, aggiungete qualche goccia di acqua bollita raffreddata, per diluirlo. Posizionate il pezzo da colorare su un foglio di carta e aerografate mantenendovi a una certa distanza per evitare che si formino macchie di colore. Applicate un sottile strato di colore per volta, finché non raggiungerete l'intensità voluta. Cominciate sempre con colori tenui e spruzzate altri strati per formare i colori più scuri. Se non avete un aerografo, potete comunque ottenere un effetto simile sfumando i colori in polvere (vedi sotto).

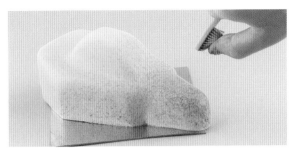

La tecnica a spruzzo

Mi piace utilizzare questa tecnica perché non è necessario avere un aerografo. In un piattino diluite del colore liquido o in pasta con parecchie gocce di acqua bollita e raffreddata. Per creare l'effetto a spruzzo, intingete uno spazzolino da denti nuovo nel colore diluito e muovete le setole per spruzzare il colore sul vostro soggetto. Non sovraccaricate di colore lo spazzolino per evitare disomogeneità. Tenete lo spazzolino a qualche centimetro di distanza rispetto al soggetto da colorare e muovete le setole con il pollice, per spruzzare il colore. Con questa tecnica il colore creerà una trama sul vostro soggetto e potrete ottenere diversi risultati semplicemente modificando la consistenza del colore utilizzato. Un colore più diluito produrrà gocce più larghe, mentre con una consistenza più densa avrete gocce più piccole.

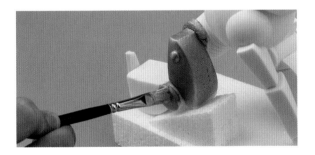

Colori metallizzati

Versate in un piattino il colore metallizzato, aggiungete qualche goccia di liquore chiaro per ottenere la consistenza desiderata e dipingete il vostro soggetto a pennello. Per una finitura perfetta avrete bisogno di applicare diversi strati di colore, avendo cura di lasciare asciugare bene prima di passare alla mano successiva. Poiché l'alcool evapora rapidamente, se necessario aggiungetene ancora altro liquore al colore per diluirlo.

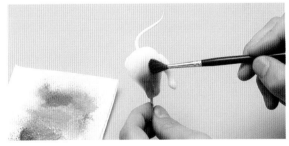

Sfumatura

Intingete un pennello asciutto con setole morbide e arrotondate nel colore in polvere e rimuovete l'eccesso di colore passandolo su un pezzo di carta da cucina. Avrete in questo modo un maggior controllo dell'intensità di colore nel momento dell'applicazione. Trovo sia utile anche mescolare il colore in polvere con una piccola quantità di amido di mais per evitare che il colore si depositi a macchie. Uso sempre questa tecnica quando spennello le guance delle mie figure con il Pastel Pink (rosa pastello).

COME TRASPORTARE I VOSTRI SOGGETTI IN ZUCCHERO

Una volta completate le vostre creazioni in zucchero, avrete bisogno di trasportarle in tutta sicurezza fino al luogo in cui la torta verrà servita. Questi suggerimenti dovrebbero aiutarvi a evitare di danneggiare il vostro lavoro durante il trasporto, soprattutto se il tragitto da percorrere è lungo.

• Sistemate i soggetti, che devono essere perfettamente asciutti, in una scatola per torte sul fondo della quale avrete messo un pezzo di polistirolo. Infilzate alcuni stecchini nel polistirolo tutt'intorno ai soggetti, per evitare che si muovano.

• A seconda del tipo di soggetto che dovete trasportare, potrete riempire gli spazi tra la base di polistirolo e la figura stessa con del materiale morbido, come altri pezzi di polistirolo o gommapiuma. Questo dovrebbe ridurre il rischio di rotture, soprattutto per le parti più fragili come il collo e le braccia. Considerate sempre forma e dimensioni dei vostri soggetti per capire come sostenere l'intera struttura.

• Quando trasportate una figura esile, sdraiatela sul polistirolo come mostrato nella foto, per evitare che oscilli sulla torta.

• Una volta arrivati a destinazione, fissate il soggetto alla torta, alla base in pastillage o al dummy con una goccia di ghiaccia reale. Se la figura è sottile e alta non togliete lo stecchino che supporta l'intera struttura. Assicuratevi che il destinatario, prima di servire la torta, rimuova tutti gli stecchini, spaghetti crudi o altri materiali non edibili utilizzati come supporto.

• Nel caso di figure esili, è consigliabile utilizzare una base dummy piuttosto che una torta vera, in modo tale che lo spiedino di supporto possa essere lasciato. Prima di servire la torta, il dummy e la figura dovrebbero essere rimossi come se fossero un solo pezzo.

• Preparate sempre qualche pezzo di ricambio per le parti più facilmente danneggiabili, come fiorellini o altri piccoli oggetti fragili, e portateli con voi. Solitamente porto con me anche qualche pezzo di pasta nel caso in cui sia necessario intervenire per sistemare qualcosa all'arrivo.

• Tutti questi suggerimenti sono pensati per i soggetti in zucchero più fragili e delicati, che potrebbero rompersi durante il trasporto. Se non dovete trasportare la torta oppure se i soggetti sono più robusti, non avrete bisogno di queste precauzioni e dovrete semplicemente disporre le vostre creazioni sulla torta quando saranno ultimate.

La posa elegante di questa bellissima ballerina, dalle lunghe gambe e dalle braccia aggraziate, cattura la magia di quel momento speciale prima della grande esibizione.

LA BALLERINA

Occorrente

Una torta, farcita e ricoperta, del diametro di 20,5 cm e di altezza 7 cm (vedere pagg. 32–34)

Pasta di zucchero: 1 kg rosa, 150 gr bianco

SK Mexican Modelling Paste (MMP – pasta modellabile Squires Kitchen): 200 gr Soft Beige (beige tenue), 50 gr Teddy Bear Brown (marrone)

SK Sugar Florist Paste (SFP – pasta specifica per la realizzazione dei fiori in zucchero Squires Kitchen): 100 gr bianco

SK Professional Paste Food Colours (coloranti alimentari in pasta professionali Squires Kitchen): Edelweiss (bianco)

SK Designer Pastel Dust Food Colour (coloranti alimentari in polvere professionali Squires Kitchen): Pale Peach (rosa pesca tenue)

SK Professional Liquid Food Colour (coloranti alimentari liquidi professionali Squires Kitchen): Chestnut (marrone castagna) e Fuchsia (fucsia)

SK Instant Mix Royal Icing (preparato per ghiaccia reale istantanea Squires Kitchen): 50 gr

Attrezzatura necessaria

Attrezzi base per la decorazione (vedere pag. 6)

Cake drum/board (vassoio rigido per torte, generalmente argentato e di spessore 1,5 cm) di diametro 28 cm

Cake card (vassoio per torte in cartoncino) diametro 20 cm

Dummy (base in polistirolo) di diametro 6 cm e altezza 6 cm

Stampo per la testa della ballerina Squires Kitchen "Great Impressions Ballerina Head Mould by Carlos Lischetti" oppure altro stampo a scelta per testa (vedi pag. 44)

Rotellina tagliapasta

Tappetino in spugna per uso alimentare

Nastro di altezza 15 mm e 25 mm: colore bianco

LA BASE

1 Stendete 150 gr di pasta di zucchero bianca a uno spessore di 3 mm e ricoprite il cake drum (vassoio di base). Livellate la pasta con lo smoother fino a ottenere una superficie levigata ed eliminate poi con un coltello a lama liscia l'eccesso di pasta che fuoriesce dai bordi.

2 Con l'aiuto di una rotellina tagliapasta e di un righello, incidete delle linee per creare una trama, come mostrato in figura. Se necessario, eliminate ancora l'eccesso di pasta e incollate poi come finitura un nastro bianco ai bordi della base, utilizzando una colla stick atossica. Lasciate asciugare.

LA TORTA E IL DUMMY (IN POLISTIROLO)

3 Appoggiate la torta sul vassoio in cartone della stessa dimensione (cake card) e ricopritela con la pasta di zucchero rosa (vedere pag. 34). Posizionate la torta (con il suo vassoio in cartone) al centro della base che avete prima rivestito e fissatela con una piccola quantità di ghiaccia reale. Rifinite la torta con il nastro bianco.

4 Spennellate il dummy in polistirolo con la colla edibile e mettetelo da parte. Nel frattempo, su un piano di lavoro spolverizzato di zucchero a velo stendete 150 gr di pasta di zucchero rosa e con questa ricoprite il dummy in polistirolo come se si trattasse di una torta dai bordi arrotondati (vedere pag. 34). Decorate anche questo con il nastro bianco.

5 Mettete un po' di ghiaccia reale in un conetto di carta al quale avrete tagliato l'estremità (vedere pag. 8). Decorate il cake board di base con puntini di ghiaccia all'incontro delle linee che avete impresso prima (con righello e rotella). Decorate con puntini di ghiaccia anche il piccolo dummy ricoperto. Lasciate asciugare il tutto.

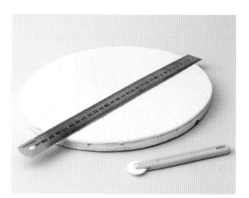

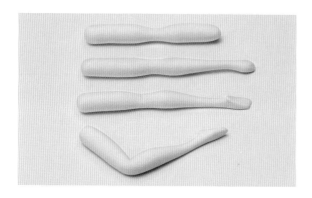

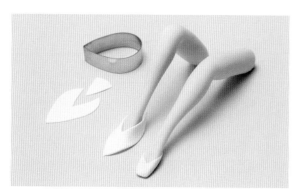

LE GAMBE

6 Con un pezzo di pasta modellabile
MMP Soft Beige formate un
cilindro e premete nella parte centrale
per formare l'incavo dietro il ginocchio.
Assottigliate un'estremità come per
creare un lungo collo di bottiglia,
evidenziando così la parte che
rappresenterà il polpaccio e lasciando
un piccolo pezzo di pasta all'estremità.
Prendete poi tra indice e pollice questa
parte e spingetela delicatamente con
le dita verso il polpaccio, creando così
il tallone. Appiattite la pasta rimanente
verso la direzione opposta per formare il
piede, poi tagliate l'estremità ad angolo.
Modellate allo stesso modo anche l'altra
gamba. Per piegare le gambe, premete
la lama girata di un coltello sul retro del
ginocchio e piegate il cilindro di pasta
con l'angolazione necessaria. Piegate la
gamba destra fino a formare un angolo
retto e quella sinistra poco meno.

7 Lasciate entrambe le gambe ad
asciugare sul tappetino di spugna
finché la pasta sarà sufficientemente
indurita per poter essere maneggiata
senza subire deformazioni. Lasciate
asciugare tenendo il lato interno della
gamba appoggiato al tappetino, in
modo che la parte appiattita rimanga
poi nascosta quando la ballerina sarà
assemblata.

LE SCARPETTE

8 Stendete sottilmente un pezzetto di
pasta per fiori SFP su un piano di
lavoro non aderente, unto con un po' di
grasso vegetale (tipo Crisco). Ritagliate
due forme a goccia (o due cerchi) con
un cutter e tagliate via poi una punta a
"V" nella parte arrotondata. Spennellate
con poca colla edibile e posizionate
sul piede la sagoma ottenuta, come
indicato in foto. Fatela aderire e premete
delicatamente per seguire la forma del
piede. Eliminate la pasta in eccesso
utilizzando un paio di forbicine. Ripetete
l'operazione per l'altro piede.

9 Per creare il nastro delle scarpette
da danza, ritagliate una striscia di
pasta SFP bianca e incollatela sulla

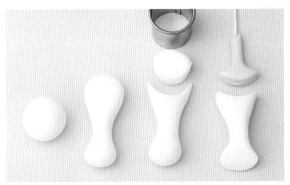

gamba destra. Ritagliate un'altra striscia, attaccatene un'estremità alla scarpetta sinistra e lasciate asciugare il nastro cercando di dare movimento. Potete fissare i nastri in questo momento oppure una volta posizionata la ballerina sulla torta.

10 Con un pezzetto di pasta SFP bianca formate un piccolo salsicciotto. Incollatelo alle gambe per creare i fianchi della ballerina e poi fissate al dummy.

Il consiglio dell'esperto

Per evitare che le gambe perdano la loro forma e si appiattiscano, fatele asciugare tenendole appoggiate con la parte interna della gamba sopra un tappetino di spugna.

TUTU

11 Stendete sottilmente un po' di pasta SFP bianca su un piano antiaderente e ritagliate cinque cerchi con un cutter da 6 cm di diametro. Conservate i tondi ritagliati in una busta per alimenti a chiusura ermetica per non farli asciugare. Lavorate un cerchio per volta, premendo e facendo scorrere lungo i bordi l'attrezzo che si usa solitamente per realizzare le venature (veining tool). In questo modo i bordi si arricceranno. Incollate il tondo così ondulato sui fianchi, utilizzando

una piccola quantità di colla edibile e appoggiate poi i successivi cerchi uno sull'altro. Infilate uno spiedino da cocktail nel tutu, nei fianchi e nel dummy in polistirolo per preparare il sostegno che servirà poi al busto.

IL BUSTO E IL COLLO

12 Modellate una palla da un pezzetto di pasta SFP bianca. Schiacciate la palla a un'estremità, modellandola in una forma a pera,

Il consiglio dell'esperto

È importante che venga assicurato un completo sostegno alla figura, utilizzando stecchini da cocktail infilati nei fianchi. Uno spiedino di legno dovrebbe passare poi all'interno di tutto il busto, una volta che questo sarà posizionato. Questo accorgimento eviterà che il busto possa piegarsi in avanti durante la fase di asciugatura e farà da sostegno alla ballerina durante il trasporto.

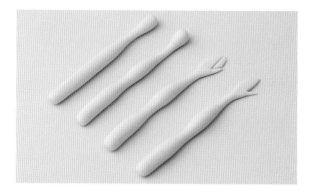

e create il punto vita. Per formare il decolletè, tagliate via un po' di pasta dall'estremità più grande usando un cutter da 3 cm di diametro, poi praticate un taglio dritto all'estremità più sottile con un coltello affilato.

13 Realizzate il collo con un pezzo di pasta MMP Soft Beige al quale avrete dato una forma a bottiglia. Appiattite l'estremità più larga e tagliate la forma del collo in modo che possa combaciare con la scollatura, usando lo stesso cutter che avete utilizzato per il busto. Incollate il collo al busto e inserite uno stecchino da cocktail per fissare entrambe le parti. Lasciate il tutto a solidificare. Infilate il busto nello stecchino che esce dai fianchi e a questo punto lasciate asciugare perfettamente.

LE BRACCIA

14 Con un pezzo di pasta modellabile MMP Soft Beige realizzate un rotolino e dividetelo a metà. Modellate un'estremità per fare il polso lasciando un pezzetto di pasta per la mano. Appiattite questa estremità e tagliate via una punta a 'v' per realizzare il pollice. Tagliate ad angolo la parte rimanente per dare forma alla mano. Ripetete il procedimento per l'altro braccio e fate attenzione a ritagliare il pollice dall'altro lato rispetto al precedente.

15 Con la lama girata di un coltello fate un solco a metà del braccio per dar risalto al gomito (fatelo solo per le braccia che dovranno essere piegate; non praticate alcuna incisione se il braccio sarà dritto). Con un po' di colla edibile, fissate le braccia al busto e alla gamba sinistra nella posizione desiderata.

Il consiglio dell'esperto

Se volete fare le dita alle mani della vostra ballerina, praticate tre incisioni sulla mano con il cutting tool.

LA TESTA

16 Modellate la testa con un po' di pasta MMP Soft Beige, utilizzando l'apposito stampo oppure uno stampo fatto da voi, seguendo le istruzioni di pagina 45. Inserite uno

stecchino da cocktail nel collo e lasciate asciugare.

17 Quando la testa sarà ben asciutta, spennellate le guance con il colore alimentare in polvere rosa Pale Peach. Dipingete poi le ciglia e le sopracciglia utilizzando un pennello dalla punta sottile (n. 00), intinta nel colore alimentare liquido marrone Chestnut oppure in un colore in pasta marrone diluito con acqua (per avere una consistenza acquarello). Per ottenere un'ombreggiatura delicata sulle palpebre, dipingetele con il colore alimentare liquido Chestnut, diluito in acqua. Tamponate delicatamente eventuali eccessi di colore con un pezzo di carta da cucina, prima di continuare a dipingere.

18 Per colorare le labbra, mischiate il colore liquido Fuchsia con il colore in pasta bianco Edelweiss fino a ottenere un rosa pallido, di consistenza piuttosto liquida. Dipingete

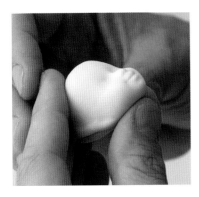

le labbra utilizzando un pennello dalla punta sottile. Lasciate asciugare completamente.

Il consiglio dell'esperto

Se non vi sentite abili con la pittura a pennello, potrete utilizzare i pennarelli alimentari a punta fine, nei colori nero o marrone e rosa.

I CAPELLI

19 Modellate una sfera con un po' di pasta MMP color marrone Teddy Bear Brown, appiattitela leggermente e incollatela dalla nuca alla fronte con la colla edibile. Sistematela con il palmo della mano, spingendola fino alla linea della fronte e nella zona dietro le orecchie. Tenendo la testa con lo stecchino, incidete qualche linea con il dorso di un attrezzo da modelling per simulare i capelli. Rimuovete lo stecchino da cocktail e infilate la testa nello spiedino che esce dal collo. Posizionate la testa leggermente inclinata da un lato.

20 Per fare il volant bianco tra i capelli, stendete uno strato sottile di pasta bianca SFP e ritagliate un cerchio di 1 cm di diametro. Ondulate i bordi con uno stecchino e incollate il volant alla sommità della testa. Per lo chignon, fate un salsicciotto di pasta MMP color Teddy Bear Brown e arrotolatelo. Incollatelo sopra il volant con un po' di colla edibile.

ASSEMBLAGGIO

21 Fissate alla torta il dummy con la ballerina, usando una piccola quantità di ghiaccia reale. Togliete il dummy prima di servire la torta e questo topper potrà essere conservato come ricordo della festa.

I CAKE POPS BALLERINA

Potrete servire deliziosi cake pops come accompagnamento alla torta ballerina. Per farli, sbriciolate dei biscotti tipo digestive e mescolateli con crema di nocciole (Nutella) oppure con dulche de leche. Ricopriteli poi con cioccolato bianco temperato e colorato di rosa e decorate ogni cake pop facendoci colare sopra dei fili di cioccolato dello stesso colore. Rifinite ogni cake pop con un volant di pasta SFP bianca, come già spiegato nel progetto principale: preparateli in anticipo e attaccateli alla base di ogni cake pop con una goccia di ghiaccia reale.

I bambini sono sempre un soggetto in voga per le torte perché con i bimbi ci sono sempre mille occasioni per festeggiare! Ho trovato una mia particolare formula per le proporzioni delle figure infantili e le creo da parecchi anni basandomi su questo modello. Con la stessa tecnica potrete modellare anche una bimba, semplicemente cambiando i colori e variando qualche dettaglio.

UN BEBÈ PAFFUTELLO

Occorrente

Una torta farcita e ricoperta, del diametro di 15 cm e di altezza 7 cm (vedere pagg. 32–34)

Pasta di zucchero: 750 gr di azzurro chiaro o di pasta bianca colorata con un tocco di SK Gentian Paste Food Colour (colore in pasta Squires Kitchen color genziana)

SK Sugar Florist Paste (SFP – pasta specifica per la realizzazione dei fiori in zucchero Squires Kitchen): 30 gr di bianco

SK Mexican Modelling Paste (MMP - pasta modellabile Squires Kitchen): 5 gr di nero, 300 gr di Soft Beige (beige chiaro), 50 gr di Teddy Bear Brown (marrone), 220 gr di bianco, 50 gr di bianco colorato con SK Sunny Lime Paste Food Colour (colore in pasta verde acido)

SK Professional Paste Food Colours (coloranti alimentari in pasta professionali Squires Kitchen): Berberis (arancione), Edelweiss (bianco), Gentian (blu genziana), Sunny Lime (verde acido)

SK Designer Pastel Dust Food Colour (coloranti alimentari in polvere professionali Squires Kitchen): Pale Peach (rosa pesca, chiaro)

SK Professional Liquid Food Colour (coloranti alimentari liquidi professionali Squires Kitchen): Chestnut (marrone castagna)

Attrezzatura necessaria

Attrezzi base per la decorazione (vedere pag. 6)

Cake drum/board (vassoio argentato per torte, rigido) di diametro 23 cm

Cake card (vassoio per torte in cartoncino) di diametro 15 cm

Spazzola nuova, a setole dure (per imprimere una trama sulla pasta di zucchero)

Nastro di altezza 15 mm: colore azzurro

LA BASE

1 Stendete 200 gr di pasta di zucchero azzurra fino a uno spessore di 5 mm e ricoprite il cake drum (vassoio di base). Livellate la pasta con lo smoother fino a ottenere una superficie levigata ed eliminate poi con un coltello a lama liscia l'eccesso di pasta che fuoriesce dai bordi.

2 Per una finitura più precisa, bordate la base incollando un nastro azzurro con una colla stick atossica. Per ottenere l'effetto di una trama nella copertura in pasta di zucchero, premete sulla superficie una spazzola a setole dure e lasciate asciugare.

IL CORPO

3 Per modellare il corpo del bambino, ricavate una forma a pera da 80–100 gr di pasta modellabile MMP Soft Beige. Posizionate il corpo su un pezzo di polistirolo e inserite uno spiedino di legno attraversando il collo, il corpo e la base di polistirolo. Dovrete fissare bene il corpo al polistirolo per assicurare un adeguato sostegno alla testa nel momento in cui verrà posizionata sul corpo. Questo vi aiuterà anche a costruire il resto della figura. Lasciatelo da parte.

4 Per fare il pannolino, stendete sottilmente una piccola quantità di pasta per fiori SFP bianca su un piano antiaderente, unto con grasso vegetale (tipo Crisco). Tagliate una striscia e fate una piega su un lato, poi incollatela intorno al bacino con un po' di colla edibile. Con un paio di forbici tagliate sul retro la pasta in eccesso e sistemate il resto attorno al corpo. Create qualche piega, aiutandovi con il manico di un

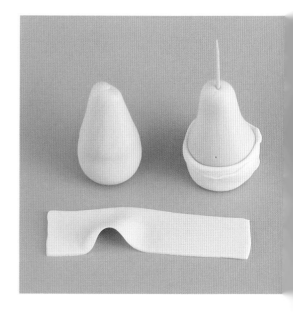

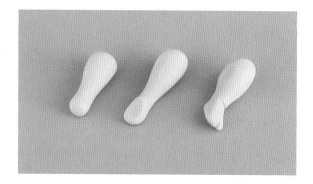

pennellino. Segnate l'ombelico con la punta di uno stecchino e colorate poi i capezzoli con il colore liquido marrone Chestnut diluito con qualche goccia di acqua bollita e lasciata raffreddare. Lasciate asciugare.

LE GAMBE

5 Con 30 gr di pasta modellabile MMP Soft Beige formate un salsicciotto e dividetelo a metà. Modellate ciascun pezzo in una forma a pera allungata e premete tra le dita l'estremità più stretta per formare il retro del piede e creare così il tallone. Tagliate una punta a 'v' dalla parte arrotondata del piede per creare l'alluce e incidete poi tre segni sulla parte rimanente per formare le altre dita.

6 Lasciate una gamba diritta e piegate l'altra, premendo sul retro del ginocchio e piegandolo con l'angolazione necessaria. Con un po' di

colla edibile fissate le gambe al corpo. Fate anche le pieghe della pelle del bebè premendo con il manico di un pennellino nel punto in cui le gambe si uniscono al pannolino.

LA TESTA

7 Per la testa, formate una sfera con 100 gr di pasta modellabile MMP Soft Beige. Premete delicatamente la parte centrale tenendo la mano di taglio e muovendola avanti e indietro per definire le guance e la fronte. Se la testa diventa troppo lunga e stretta, schiacciate le estremità per riportarla a una forma arrotondata.

8 Quando sarete soddisfatti della forma della testa, infilatela nello spiedino di legno che esce dal collo e posizionatela in modo che sia leggermente inclinata. Fate i dettagli del viso quando la testa è fissata al corpo: in questo modo eviterete di appiattire

il retro della testa posizionandola sul piano di lavoro.

Il consiglio dell'esperto

Poiché le teste dei bambini sono piuttosto grandi, per un risultato ottimale mescolate la pasta modellabile MMP Soft Beige con pari quantità di pasta per fiori SFP. Questo renderà la pasta più solida ed eviterà che la testa possa affondare nel corpo.

9 Aprite la bocca del bebè premendo con un ball tool (misura piccola) nella metà inferiore del viso, vicino al mento.

10 Per realizzare il naso, fate un ovale con un pezzettino di pasta modellabile MMP Soft Beige e incollatelo sopra la bocca con una goccia di colla edibile.

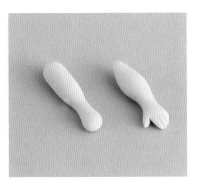

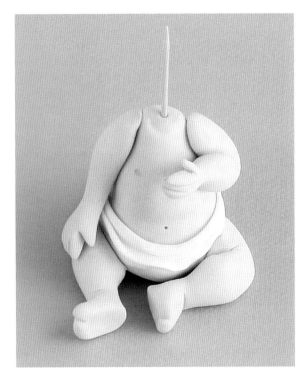

11 Segnate le orbite degli occhi premendo delicatamente con il ball tool piccolo all'altezza della linea mediana del volto. Muovete il ball tool su e giù per formare gli ovali delle orbite. In questa fase sostenete la testa nel palmo della mano.

Il consiglio dell'esperto

È importante posizionare gli occhi sulla linea mediana immaginaria del volto oppure sotto questa linea per ottenere un volto da bambino (vedi pag. 43).

12 Per fare i bulbi oculari, formate due piccoli ovali con la pasta modellabile MMP bianca e incollateli nelle orbite che avete segnato. Cercate di non usare troppa pasta. Con un piccolo ball tool o con il manico di un pennello segnate il punto in cui verranno posizionate le iridi.

13 Realizzate le iridi con due minuscole palline di pasta modellabile MMP marrone Teddy Bear Brown (o altro colore a scelta) e fissatele sui bulbi oculari con una goccia di colla edibile. Per completare gli occhi, disegnate una piccola pupilla sull'iride con un pennarello alimentare nero. Date poi espressione agli occhi con un punto bianco di colore in pasta utilizzando un pennello a punta sottile.

14 Con il colore liquido marrone Chestnut e un pennello sottile disegnate le sopracciglia sopra ogni occhio. Spennellate leggermente le guance con il colore il polvere rosa Pale Peach.

15 Per le orecchie, praticate due fori con l'estremità del manico di un pennello ai lati della testa, all'altezza della linea degli occhi. Modellate a goccia due pezzettini di pasta modellabile MMP Soft Beige

e incollateli nei fori. Premete nelle orecchie con un piccolo ball tool per ottenere la giusta forma.

16 Per realizzare il ricciolo di capelli, modellate un rotolino di pasta con le estremità a punta e incollatelo sulla testa del bebè. Lasciate asciugare perfettamente.

LE BRACCIA

17 Con 20–30 gr di pasta modellabile MMP Soft Beige formate un salsicciotto e dividetelo a metà. Modellate il salsicciotto vicino all'estremità arrotondata per fare il polso, lasciando un pezzettino di pasta per creare la mano. Appiattitelo e tagliate via una punta a 'v' per marcare il pollice. Praticate tre incisioni sul resto della mano per segnare le dita. Per far alzare l'indice, fate un piccolo taglio con le forbici per separarlo dalle altre dita.

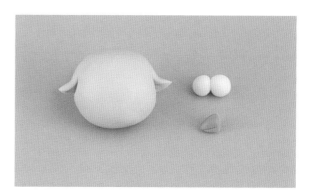

Spingete leggermente verso il basso le altre tre dita, lasciando l'indice puntato.

18 Incollate le braccia ai lati del corpo come mostrato in fotografia, tagliando se necessario la pasta in eccesso alle spalle. Lasciate riposare.

L'ORSACCHIOTTO

19 Con 30 gr di pasta modellabile marrone Teddy Bear Brown formate un salsicciotto e dividetelo a metà. Con una di queste metà realizzate una sfera e appiattitela per fare la testa. Con l'altra metà formate una goccia per il corpo, appiattitela leggermente e segnate una linea centrale (la cucitura del pupazzo) con una rotellina. Mettete da parte.

20 Per il musetto dell'orso, fate un piccolo ovale di pasta e incollatelo nella metà inferiore della testa. Premete il muso con la lama girata di un coltello per dividerlo in due parti, poi aprite la bocca nella metà inferiore del musetto utilizzando la punta di uno stecchino.

21 Realizzate il naso con un piccolo ovale di pasta modellabile MMP nera e incollatelo alla parte superiore del musetto. Disegnate due puntini per gli occhi, appena sopra il muso, con un pennarello alimentare nero. Spennellate le guance utilizzando un pennello asciutto con il colore in polvere rosa Pale Peach. Per le orecchie, formate due palline di pasta e fissatele alla testa con un po' di colla edibile. Premete nelle orecchie con un piccolo ball tool per ottenere la giusta forma.

22 Per realizzare le zampe, formate un salsicciotto con 20 gr di pasta modellabile Teddy Bear Brown e dividetelo in quattro pezzi. Date a ciascuno di questi pezzi la forma di una goccia e mettetele da parte.

23 Incollate ora tutte le parti dell'orsacchiotto, fissandole alla torta nella posizione desiderata.

Il consiglio dell'esperto

Quando modellate un orsacchiotto, posizionate gli occhi appena sopra il muso e non al centro della fronte.

L'UCCELLINO DI PEZZA

24 Formate una pallina con 50 gr di pasta modellabile MMP Sunny Lime. Per le ali, praticate un taglio sui lati della pallina con un paio di forbici.

25 Per fare la pezza sulla pancia dell'uccellino, mischiate un po' di pasta modellabile MMP Sunny Lime con un po' di pasta bianca, in modo da ottenere un verde chiaro, poi stendete la pasta sottilmente e ritagliate una forma a goccia. Fissatela con un po' di colla edibile sulla pancia dell'uccellino. Fate il segno della cucitura al centro del corpo con la punta di uno stecchino.

26 Per il becco, colorate una piccola quantità di pasta modellabile MMP bianca con il colore alimentare nella tonalità Berberis (arancione). Formate un cono e incollatelo davanti, sopra la pezza. Per fare gli occhi, modellate due palline di pasta bianca e incollatele sopra il becco. Con un pennarello alimentare nero fate un puntino in mezzo a ogni occhio.

27 Per il ciuffetto sulla testa, formate un piccolo salsicciotto

con la pasta verde chiaro e tagliatelo in cinque parti. Incollatele insieme a una estremità e fissate il ciuffo sulla testa dell'uccellino, sopra gli occhi. Lasciate asciugare.

LA TORTA

28 Ricoprite la torta con la pasta di zucchero azzurra, come descritto a pag. 34. Posizionate la torta al centro della base già ricoperta e fissatela con una goccia di ghiaccia reale. Bordate la base della torta con un nastro azzurro, fissandolo con un po' di colla edibile o ghiaccia reale.

IL TAPPETINO

29 Per fare il tappetino rotondo, modellate una sfera con

200 gr di pasta di zucchero bianca, poi appiattitela con uno smoother fino a farla diventare un cerchio di circa 10 cm di diametro. Stendete un po' di pasta di zucchero azzurra e ritagliate un cerchio e un anello usando dei cutter di tre dimensioni diverse. Incollate il cerchio e l'anello azzurri sul tondo bianco e premete con la spazzola per integrare i due colori e anche per rendere l'effetto del tappeto.

I TOCCHI FINALI

30 Mettete il tappetino sulla torta, leggermente decentrato. Togliete il bebè dalla base in polistirolo, lasciando uscire lo spiedino in legno dalla base del corpo (potrebbe essere necessario regolare la lunghezza dello spiedino prima di inserirlo nella torta). Posizionate il bebè sul tappetino e incollatelo con un po' di ghiaccia reale.

Il consiglio dell'esperto

Se dovrete trasportare la torta,
lasciate inserito lo spiedino di
legno per sostenere il soggetto in
sicurezza. Ricordate di avvisare
il destinatario di rimuovere poi lo
stecchino prima di servire la torta.
Se preferite, potete anche eliminare
il sostegno sfilandolo con cura dalla
base, ma fate questa operazione
solo se la figura è completamente
asciutta, altrimenti la testa potrebbe
cadere durante il trasporto.

31 Posizionate l'orsacchiotto a
lato del tappetino e sistemate
l'uccellino di stoffa sulla base della
torta, fissando entrambi con qualche
goccia di ghiaccia reale. Con un
beccuccio tondo o un piccolo cutter
tondo, ritagliate dei cerchi nella pasta
modellabile MMP bianca e incollateli
alla torta come finitura.

BOCCONCINI DI MARZAPANE

Per fare questi graziosi uccellini di
marzapane, seguite le istruzioni
riportate nel progetto. Questi bocconcini
possono essere disposti intorno alla
torta oppure lasciati ai bambini come
goloso ricordo della festa.

Per variare il gusto, potete mescolare il
marzapane con l'aroma al pistacchio,
che colorerà di verde gli uccellini senza
dover aggiungere altri coloranti.

I colori giocano un ruolo importante nella decorazione di una torta poiché danno carattere a ogni pezzo. Il rosso sarebbe stata la scelta istintiva per questo progetto, ma Elio e io abbiamo deciso di optare per i toni del blu per dare un tocco fresco e originale alla nostra piccola regina. Il cuore mette in risalto con un tocco di rosso lo scettro.

LA REGINA DI CUORI

Occorrente

Una torta a cupola, farcita e ricoperta, del diametro di 20 cm e di altezza 14 cm (vedere pagg. 32–34)

Pasta di zucchero: 1,3 kg di bianco

SK Mexican Modelling Paste (pasta modellabile MMP Squires Kitchen): 150 gr di Soft Beige (beige chiaro), 50 gr di bianco

SK Sugar Florist Paste (pasta specifica per la realizzazione dei fiori in zucchero SFP Squires Kitchen): 50 gr di bianco

SK Professional Paste Food Colours (coloranti alimentari in pasta professionali Squires Kitchen): Edelweiss (bianco), Hydrangea (azzurro ortensia), Poppy (rosso papavero), Teddy Bear Brown (marrone), Terracotta, Vine (verde vite)

SK Designer Pastel Dust Food Colour: (coloranti alimentari pastello in polvere Squires Kitchen): Pale Peach (rosa pesca tenue)

SK Metallic Lustre Dust Food Colour (colorante alimentare in polvere metallizzato Squires Kitchen): Antique Gold (oro antico)

SK Professional Liquid Food Colours (coloranti alimentari liquidi professionali Squires Kitchen): Blackberry (mirtillo), Poppy (rosso papavero), Teddy Bear Brown (marrone)

SK Instant Mix Royal Icing (preparato per ghiaccia reale istantanea Squires Kitchen): 150 gr

SK CMC – CMC Carbossimetilcellulosa sodica Squires Kitchen

2 marshmallow a cupola

Attrezzatura necessaria

Attrezzi base per la decorazione (vedere pag. 6)

Cake drum/board (vassoio argentato per torte, rigido) di diametro 25 cm

Cake card (vassoio per torte in cartoncino) di diametro 20 cm

Cutter a forma di cuore in tre diverse misure

Attrezzo per il modelling con un'estremità a forma di conchiglia

Beccucci nn.1, 2, 10

Nastro di altezza 15 mm: colore azzurro

Modelli di riferimento (veedere pag. 182)

Ovatta

LA BASE

1 Colorate 200 gr di pasta di zucchero con un po' di colore nella tonalità azzurro Hydrangea, stendetela fino a uno spessore di 3 mm e ricoprite il cake drum (vassoio di base). Livellate la pasta con lo smoother per eliminare eventuali imperfezioni e tagliate poi con un coltello a lama liscia l'eccesso di pasta che fuoriesce dai bordi. Rifinite i bordi del vassoio incollando un nastro azzurro con una colla stick atossica e lasciate asciugare.

Il consiglio dell'esperto

Preparate in anticipo i seguenti pezzi per dar loro il tempo di asciugare.

IL COLLETTO RIGIDO DI PIZZO

2 Su una superficie antiaderente, unta con grasso vegetale (tipo Crisco), stendete sottilmente un po' di pasta per fiori SFP Bianca. Con un coltello affilato, ritagliate la forma del colletto usando il modello riportato nella parte finale del libro. Per non deformare i bordi, tenete la pasta stesa sul piano di lavoro. Ritagliate i piccoli cerchi illustrati nel modello usando un beccuccio tondo da 1 cm di diametro. Utilizzate i beccucci nn. 1 e 2 per creare una trama sulla pasta SFP.

Il consiglio dell'esperto

Suggerisco di preparare due colletti con la pasta per fiori nel caso in cui se ne dovesse rompere uno. Ci vogliono so pochi minuti per farli e questo vi eviterà di trovarvi in diffic in seguito!

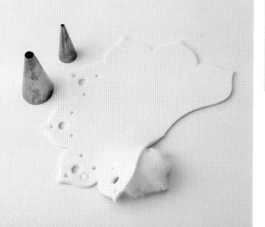

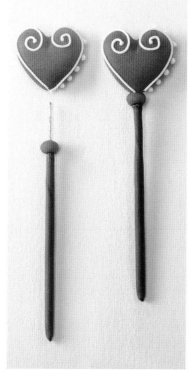

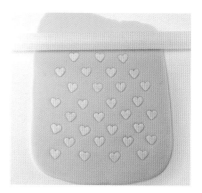

Lasciate asciugare tenendo sollevati i lati con qualche batuffolo di ovatta per movimentare la forma, come illustrato.

LA CORONA

3 Modellate un cono con 20 gr di pasta SFP bianca. Premete con il ball tool nell'estremità più larga scavando un po' e usate poi l'attrezzo per assottigliare il bordo. Con un paio di forbicine ritagliate le punte della corona. Con la ghiaccia reale bianca fate dei puntini su ogni estremità di queste punte e lasciate asciugare per un paio di minuti. Dipingete la corona con il colore in polvere oro diluito con un liquore chiaro. Mettete da parte ad asciugare.

LO SCETTRO A CUORE

4 Per realizzare lo scettro, tagliate uno spiedino di legno a una lunghezza di 11 cm. Fate una pallina con un pezzo di pasta di zucchero color Teddy Bear Brown. Spennellate lo spiedino con un po' di colla edibile e infilzatelo nella pallina, facendolo rotolare fino a che la pasta non coprirà quasi l'intera lunghezza dello spiedo. Eliminate la pasta in eccesso, lasciando uscire da un'estremità un pezzo di spiedino. Lasciate asciugare.

5 Per il cuore, formate una goccia con la pasta modellabile MMP, colorata con la tinta rosso Poppy (papavero), usando il modello come riferimento per le dimensioni. Premete con il dorso di un coltello a metà della parte arrotondata, dando così forma al cuore. Usando un conetto di carta, decorate il cuore con linee e punti di ghiaccia reale di consistenza soft-peak (vedere pag. 27) e lasciate asciugare. Quando sarà asciutto, dipingete le linee e i puntini con il colorante oro metallizzato in polvere diluito con qualche goccia di liquore chiaro. Fate una pallina di pasta modellabile MMP color rosso Poppy e infilatela nello spiedino in legno, completando poi con il cuore e fissando il tutto con un po' di colla edibile.

Avvertenza importante: quando utilizzate supporti non edibili per le vostre torte, assicuratevi sempre che vengano rimossi prima di servire la torta.

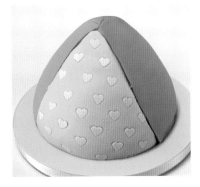

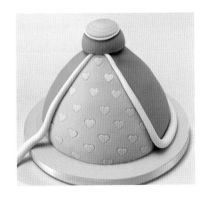

LA TORTA

6 Fissate la torta sul cake board di base con una piccola quantità di ghiaccia reale.

7 Per fare la sottogonna, stendete un po' di pasta di zucchero color verde Vine scuro fino a uno spessore di 5 mm. Ungete la pasta con un po' di grasso vegetale (tipo Crisco) e copritela con pellicola per alimenti per mantenerla morbida mentre ritagliate i cuoricini.

8 Stendete su un piano antiaderente un po' di pasta di zucchero color verde Vine chiaro fino a uno spessore di 2 mm e ritagliate dei cuoricini. Sistemate i cuori sulla pasta verde Vine scuro a file alterne, premendo delicatamente per farli aderire bene. Passate poi delicatamente la pasta con un mattarello per "fondere" i cuoricini con lo sfondo. Ritagliate un triangolo in questa trama e incollatelo sulla parte anteriore della torta, levigando delicatamente e facendo aderire bene con il palmo della mano.

Il consiglio dell'esperto

La pasta di zucchero usata per i cuoricini deve essere abbastanza morbida da attaccarsi all'altra pasta. Una pasta troppo asciutta non si attaccherebbe bene.

9 Per la gonna, stendete a uno spessore di 5 mm un po' di pasta di zucchero colorata con la tinta azzurro Hydrangea scuro e ricoprite il resto della torta. Modellate delicatamente seguendo la forma a cupola ed eliminate eventuali pieghe nella parte più alta della torta. Tagliate l'eccesso di pasta con un coltello affilato.

10 Impastate i ritagli di pasta di zucchero della gonna con un pizzico di CMC per dare maggior resistenza alla pasta che userete per modellare il busto e le maniche. Realizzate il busto modellando una pallina che fisserete in cima alla gonna con un po' di colla edibile. Premete delicatamente sulla torta, schiacciando leggermente la sfera.

11 Per il colletto, stendete a uno spessore di 3mm un po' di pasta modellabile MMP color Vine e ritagliate un cerchio di 3 cm di diametro. Incollate questo cerchio sul busto. Imprimete dei cerchi concentrici sulla pasta, utilizzando dei cutter tondi di dimensioni diverse. Formate un piccolo salsicciotto con la pasta color Vine chiaro e incollatela intorno al colletto per rifinirlo.

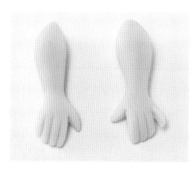

12 Per l'orlatura della gonna, formate due cilindri spessi e appiattiti con la pasta di zucchero bianca. Incollateli partendo dall'estremità più stretta e cominciando dal busto verso la gonna (coprendo la giuntura tra la sottogonna e il vestito), girando intorno alla base della torta sul vassoio. Tagliate con precisione nel punto di congiunzione della bordatura e fate in modo che questo sia nella parte posteriore della torta. Per rendere l'effetto di un bordo di pelliccia, usate un pennello e un po' di ghiaccia reale soft-peak (vedere pag. 27). Spennellate la ghiaccia reale in modo uniforme su una piccola parte della finitura, poi usate un pennello piatto a setole dure per creare l'effetto pelliccia.

13 Formate delle palline con la pasta di zucchero color azzurro Hydrangea. Appiattitele e incollatele alla pelliccia con una goccia di colla edibile. Per fare il volant davanti alla gonna, formate un cilindro con un po' di pasta modellabile MMP color Vine chiaro e incollatelo. Decorate con l'attrezzo per il modelling con l'estremità a conchiglia, come mostrato in foto.

14 Per le decorazioni sulla gonna, usate dei cutter a forma di cuore di dimensioni piccolo, medio e grande e due tonalità chiare di pasta di zucchero azzurro Hydrangea (mescolate i ritagli di pasta di zucchero Hydrangea con la pasta modellabile MMP bianca).

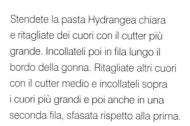

Stendete la pasta Hydrangea chiara e ritagliate dei cuori con il cutter più grande. Incollateli poi in fila lungo il bordo della gonna. Ritagliate altri cuori con il cutter medio e incollateli sopra i cuori più grandi e poi anche in una seconda fila, sfasata rispetto alla prima.

15 Ritagliate dei cuoricini dalla pasta di colore più chiaro e incollateli sui cuori più grandi. Completate infine la decorazione con dei puntini di ghiaccia reale color azzurro Hydrangea, come mostrato nella foto.

LE BRACCIA

16 Con la pasta di zucchero usata per la gonna e per il busto, formate un salsicciotto e dividetelo in due parti, che modellerete formando due grossi coni. Aprite le maniche all'estremità più larga utilizzando un ball tool di dimensione media. Incollate le maniche al busto nella posizione desiderata.

17 Con un pezzo di pasta modellabile MMP Soft Beige formate un salsicciotto e dividetelo a metà per fare le mani. Per ciascuna metà, modellate un'estremità per fare il polso lasciando un pezzetto di pasta per la mano. Appiattite la mano e con un paio di forbicine tagliate via una punta a 'v' per creare il pollice. Incidete le altre dita e, per avere una regina che si atteggia ancora di più, fate un taglio per separare il mignolo, piegandolo leggermente come mostrato in foto. Lasciate indurire le mani e incollatele poi alle maniche con un po' di pasta morbida.

LA TESTA

18 Con un pezzo di pasta modellabile MMP Soft Beige modellate una forma a pera. Per fare gli occhi, dipingete due punti con un pennarello alimentare nero a punta fine oppure con un pennello a punta sottile e colore alimentare liquido color Blackberry. Gli occhi dovranno essere

posizionati sulla linea mediana del viso. Realizzate poi i punti luce con due piccoli pallini bianchi che incollerete ai bordi degli occhi.

Il consiglio dell'esperto

Se preferite, potete dipingere i punti luce degli occhi con la punta di uno stecchino intinta nel colore in pasta bianco Edelweiss.

19 Modellate il naso con un piccolo ovale di pasta modellabile MMP Soft Beige e incollatelo sotto la linea degli occhi. Con la punta di uno stecchino fate le narici. Dipingete le labbra con il colore alimentare liquido rosso Poppy e un pennello a punta sottile. Usate un pennello morbido a punta arrotondata per spennellare le guance con il colore in polvere rosa Pale Peach.

20 Per le orecchie, praticate un foro ai due lati della testa, sulla stessa linea degli occhi. Formate

due piccole gocce di pasta modellabile Soft Beige e incollatele nei fori con una piccola quantità di colla edibile. Premete nelle orecchie con un piccolo ball tool per ottenere la giusta forma. Usando il colore liquido marrone Teddy Bear Brown e un pennello a punta sottile, dipingete due linee sottili sopra gli occhi per fare le sopracciglia. Lasciate asciugare la testa.

I CAPELLI

21 Poiché la capigliatura della regina è piuttosto imponente, ho usato dei marshmallow per dare volume. I marshmallow sono leggeri e danno volume senza appesantire ulteriormente il soggetto quindi sono molto utili per ottenere questo effetto. Incollate due marshmallow sulla testa della regina con una piccola quantità di ghiaccia reale di consistenza stiff (vedere pag. 27) e lasciate asciugare. Unite la testa al busto con uno spiedino in legno.

22 Per i capelli, colorate 50 gr di ghiaccia reale con il colore alimentare in pasta Terracotta. Riempite un conetto di carta e tagliatene l'estremità oppure montate un beccuccio tondo n. 2. Ricoprite i marshmallow con la ghiaccia, formando dei riccioli, sui lati e dietro la testa, fino alla fronte. Quando decorate con la ghiaccia, applicate una pressione maggiore sul retro del conetto di carta per ottenere proprio una decorazione simile all'aspetto di una capigliatura riccia. Cercate di creare una forma a cuore con la ghiaccia nella pettinatura della regina. Posizionate la corona nel mezzo dell'acconciatura prima che la ghiaccia reale si asciughi completamente.

I TOCCHI FINALI

23 Incollate lo scettro alla mano sinistra con un pezzettino di pasta di zucchero o pasta MMP ammorbidita. Fissate il collo rigido di pizzo dietro la testa con una piccola quantità di ghiaccia reale bianca di consistenza stiff (vedere pag. 27): il pizzo dovrebbe attaccarsi facilmente ai capelli perché non è pesante. Se necessario, sostenete il pizzo con qualche stecchino finché non sarà asciutto. Per finire, decorate i capelli con palline di pasta modellabile MMP color Terracotta e rosso Poppy, come si può vedere nella foto di presentazione.

I biscotti a cuore

Per un tè del pomeriggio adatto a una regina, preparate dei biscotti a forma di cuore per i vostri ospiti. Con un conetto di carta e un beccuccio tondo n. 2, delineate il contorno con la ghiaccia reale soft-peak (vedere pag. 27). Lasciate asciugare la ghiaccia per qualche minuto.

Decorate i biscotti riempiendo l'interno dei contorni con la ghiaccia reale run-out, colorata nelle tinte utilizzate per il progetto principale. Per i cuori a pois, fate dei puntini con la ghiaccia bianca run-out mentre la copertura è ancora bagnata e lasciate che i colori si fondano in un unico disegno.

Per i cuori bianchi o rossi, lasciate che la ghiaccia run-out si indurisca. Con un conetto di carta con un beccuccio tondo n.1 e ghiaccia bianca di media consistenza fate delle linee decorative a forma di cuore. Disegnate poi dei puntini di ghiaccia lungo i bordi per creare l'effetto pizzo. Lasciate asciugare perfettamente i biscotti prima di confezionarli nel cellophane oppure in una scatola regalo.

Sono cresciuto con i film in cui i protagonisti erano sempre robot e creature provenienti dallo spazio e proprio quei film sono stati per me fonte di ispirazione per questo robot minaccioso, spavaldo e quasi umano. Ho usato il disegno originale del progetto come riferimento di base ma in fase di realizzazione ho fatto alcune modifiche alle forme. La tecnica "ad aggancio" che ho sviluppato per costruire questo personaggio può essere usata per creare altri interessanti modelli animati.

IL ROBOT

Occorrente

Una sponge cake con i bordi leggermente arrotondati, farcita e ricoperta, del diametro di 15 cm (vedere pagg. 32–34)

Pasta di zucchero: 700 gr di bianco

SK Instant Mix Pastillage (preparato per pastillage istantaneo Squires Kitchen): 1 kg

SK Mexican Modelling Paste (pasta modellabile MMP Squires Kitchen): una piccola quantità di nero, 110 gr di bianco

SK Designer Metallic Lustre Dust Food Colour (colorante alimentare in polvere metallizzato Squires Kitchen): color argento

SK Professional Liquid Food Colours (coloranti alimentari liquidi professionali Squires Kitchen): Gentian (blu genziana), Hydrangea (azzurro ortensia), Lilac (lilla)

SK Instant Mix Royal Icing (preparato per ghiaccia reale istantanea Squires Kitchen): 100 gr

Attrezzatura necessaria

Attrezzi base per la decorazione (vedere pag 6)

Cake drum/board (vassoio argentato per torte, rigido) di diametro 25 cm

Due cake card (vassoi per torte in cartoncino) di diametro 15 cm

Una cake card di diametro 20 cm

Spaziatori: 3 cm, 1 cm, 5 mm, 3 mm (potete anche sovrapporre tre spessori da 1 cm per raggiungere i 3 cm, se non riuscite a trovarlo dai rivenditori)

Una sfera in polistirolo di diametro 6 cm

22-gauge floral wire, fili metallici ricoperti per fiori, calibro 22: bianchi

Spiedino in metallo sottile

Cartoncino sottile

Nastro di altezza 15 mm: colore nero

Modelli di riferimento (vedi pagg. 182–183)

LA BASE

1 Ricoprite il cake drum (vassoio di base) con 150 gr di pasta di zucchero bianca di 3 mm di spessore. Livellate la pasta con lo smoother per levigare la superficie. Tagliate con un coltello a lama liscia l'eccesso di pasta che fuoriesce dai bordi. Rifinite i bordi del vassoio incollando un nastro nero con una colla stick atossica e lasciate asciugare.

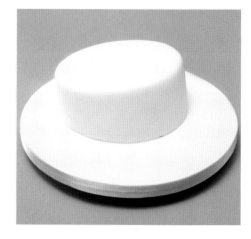

2 Posizionate la torta su un vassoio in cartoncino (cake card) dello stesso diametro. Ricoprite la torta con pasta di zucchero bianca (vedere pag. 34) e dipingetela con colore in polvere argento metallizzato, diluito con qualche goccia di liquore chiaro. Fissate la torta (con la sua base in cartoncino) al centro del cake drum ricoperto, servendovi di una piccola quantità di ghiaccia reale. Rifinite la base della torta, bordandola con un nastro nero. Inserite nella torta alcuni dowel (bacchette di legno o plastica) per evitare che la decorazione possa poi affondare nella torta stessa (vedi pag. 38).

LA BASE IN PASTILLAGE

3 Stendete un po' di pastillage bianco allo spessore di 5 mm e ritagliate due cerchi di 20 cm di diametro utilizzando come guida una teglia per dolci o un vassoio per torte. Usate un coltello affilato per avere un bordo preciso. Con una teglia da 16 cm di diametro, imprimete la sagoma di un cerchio più piccolo all'interno del primo, mentre la pasta è ancora morbida. Lasciate asciugare. Stendete dell'altro pastillage bianco a uno spessore di 1 cm e ritagliate un cerchio di 10 cm di diametro usando una teglia o un vassoio in cartone come guida. Lasciate

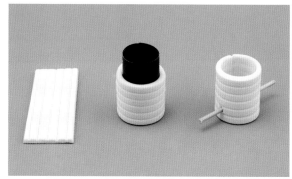

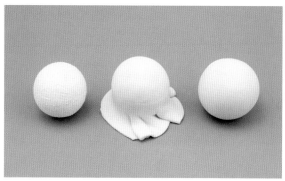

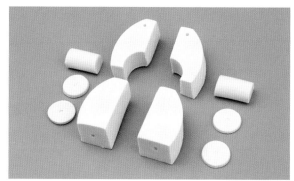

asciugare. Stendete sottilmente della pasta modellabile MMP nera e ritagliate due strisce curve. Incollatele alla base in pastillage per dare movimento.

Assemblaggio

4 Incollate la base in pastillage da 10 cm di diametro al centro della base da 20 cm, utilizzando un po' di ghiaccia reale. Modellate un cilindro di pasta di zucchero azzurro Hydrangea e fissatelo intorno al disco in pastillage di 10 cm con un po' di colla edibile; incollate sopra anche l'altro disco in pastillage da 20 cm, utilizzando la ghiaccia reale. Lasciate asciugare il tutto.

Il consiglio dell'esperto

Se desiderate alleggerire la base, potete sostituire il disco da 10 cm in pastillage con una base in polistirolo di 10 cm di diametro e di 1 cm di spessore.

ROBOT

Il busto

5 Ricoprite la sfera in polistirolo con ghiaccia reale, creando uno strato che servirà da collante. Stendete un po' di pastillage a uno spessore di 3 mm e rivestite la sfera. Portate la pasta in eccesso verso la base e tagliatela con un coltello a lama dritta. Levigate la superficie facendo rotolare la sfera tra le mani e lasciate poi asciugare.

Fianchi

6 Stendete un po' di pastillage bianco a uno spessore di 5 mm e ritagliate un rettangolo utilizzando il modello fornito (vedere pag. 183). Imprimete delle linee longitudinali nel rettangolo e arrotolatelo attorno a un cilindro in cartoncino di 3 cm di diametro. Lasciate solidificare per 30 minuti e poi rimuovete lo stampo.

7 Mentre la pasta è ancora morbida, inserite uno spiedino di legno nella parte inferiore del cilindro per creare un foro. Questo sarà il punto in cui in seguito verranno inserite le gambe. Lasciate lo stecchino inserito finché il pezzo non sarà perfettamente asciutto e poi rimuovetelo. Quando busto e fianchi saranno ben asciutti, incollateli insieme con un po' di ghiaccia reale e lasciate asciugare ancora.

Le gambe

8 Stendete del pastillage bianco a uno spessore di 3 cm e tagliate le parti che compongono le gambe utilizzando i modelli di riferimento (vedere pag. 182). Cercate di realizzare dei tagli precisi, usando un coltello per i bordi dritti e un cutter tondo per le parti curve. Con uno spiedino di legno forate l'estremità superiore della parte alta della gamba: in questo foro si aggancceranno i fianchi in un secondo

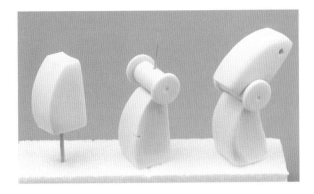

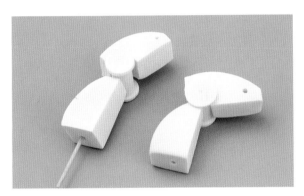

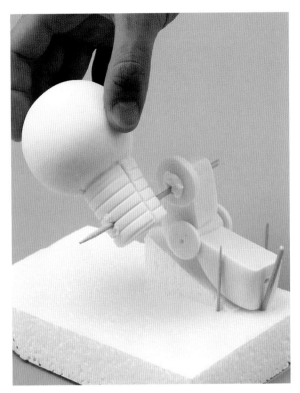

momento. Per il ginocchio, formate un cilindro di pastillage di 2 cm di diametro e 3 cm di lunghezza.

9 Stendete ancora del pastillage bianco a uno spessore di 3 mm e ritagliate quattro cerchi di 2,5 cm di diametro, usando un cutter tondo. Premete il manico di un pennello al centro di ogni cerchio mentre la pasta è ancora morbida. Lasciate asciugare.

L'assemblaggio della gamba sinistra

10 Inserite uno spiedino di legno fino a metà della parte inferiore della gamba e infilatelo in un pezzo di polistirolo per maneggiarlo con più facilità. Incollate il ginocchio a questo pezzo usando un po' di pastillage ammorbidito. Infilate uno spiedino in legno anche nel ginocchio e fatene uscire una parte. Incollate due cerchi

ai lati del ginocchio usando ancora del pastillage morbido. Infilate anche il pezzo superiore della gamba con lo stecchino e incollatela formando un angolo di circa 45°. Usate dei pezzi di polistirolo per sostenerla in questa posizione durante la fase di asciugatura.

L'assemblaggio della gamba destra

11 Seguite la stessa procedura illustrata per la gamba sinistra, ma questa volta incollate il pezzo superiore della gamba destra con un angolo di circa 90°.

Come attaccare il busto alle gambe

12 Posizionate la gamba destra su un pezzo di polistirolo come illustrato in foto e fermatela con degli stecchini da cocktail per evitare

che la gamba cada lateralmente o indietro. Tagliate due tondi di pastillage e incollateli nella parte interna di ogni gamba mentre sono ancora morbidi. Infilate uno spiedino di legno attraverso la gamba destra e i fianchi e fissate in posizione con del pastillage ammorbidito (vedi pag 8). I tondi di pastillage ancora morbidi faranno da cuscinetto e da collante tra le gambe e i fianchi. Forate infine con lo spiedino in legno la gamba sinistra e fissate anche questa in posizione con del pastillage ammorbidito.

13 Lasciate il busto inclinato in avanti sulla gamba sinistra, che servirà da supporto. Quando la struttura sarà perfettamente asciutta, usate un paio di pinze per tagliare eventuali sporgenze degli spiedini in legno. Coprite poi questi punti con palline in pastillage, fissate con colla edibile.

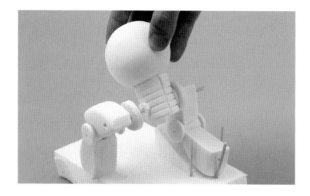

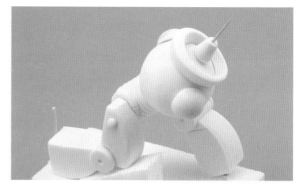

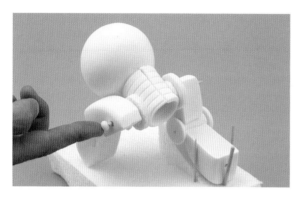

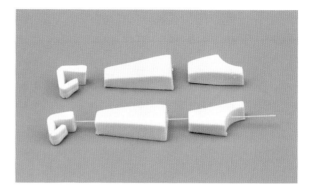

Il consiglio dell'esperto

È molto importante che la struttura sia perfettamente asciutta prima di costruire il resto del robot.

Le spalle

14 Formate con il pastillage due semisfere di 3 cm di diametro e lasciatele asciugare. Incollatele poi ai lati del busto con un po' di pastillage morbido.

L'armatura sottocollo

15 Stendete il pastillage a uno spessore di 1,5 cm e ritagliate un anello usando un cutter tondo da 5 cm e uno da 3,5 cm. Schiacciate leggermente un lato dandogli una forma a goccia e incollatelo al busto con un po' di colla edibile mentre è ancora morbido.

Il collo

16 Formate un cono di pastillage e tagliate le estremità. Scaldate uno spiedino sottile di metallo e inseritelo nel busto, creando un foro. Inserite a questo punto uno stecchino da cocktail nel collo e nel foro praticato nel busto, fissandovi il collo con del pastillage morbido. Lasciate asciugare.

Le braccia e le mani

17 Per le braccia, stendete il pastillage a uno spessore di 1,5 cm e ritagliate le singole parti utilizzando i modelli di riferimento (vedere pag. 182). Per le mani, stendete il pastillage a uno spessore di 3 mm e ritagliate delle forme trapezoidali come indicato nei modelli (vedere pag. 182). Segnate una linea su un lato e incidete due segni sul lato opposto usando la lama di un coltello dal lato non tagliente. Piegate come mostrato nella foto.

18 Quando tutte le parti saranno abbastanza solide da poter essere maneggiate (ma non dovranno essere completamente asciutte), infilate del filo metallico per fiori al centro di ogni componente e cominciate ad agganciarli insieme. Il filo è solo un supporto temporaneo per creare i fori necessari nel momento dell'assemblaggio finale. Non incollate i pezzi in questa fase.

L'assemblaggio del braccio destro

19 Inserite del filo metallico attraverso la spalla destra (che dovrebbe essere ancora morbida all'interno; se non lo fosse, praticate il foro con uno spiedino metallico caldo). Agganciate con il filo anche il braccio e incollatelo alla spalla, poi infilate l'avambraccio sul filo e incollatelo al braccio.

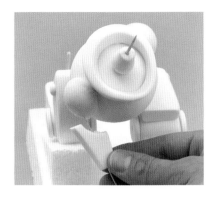
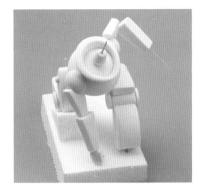
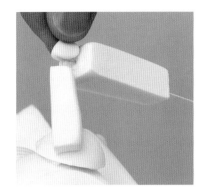

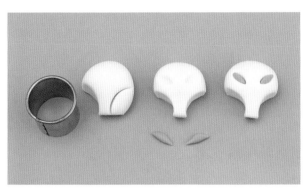
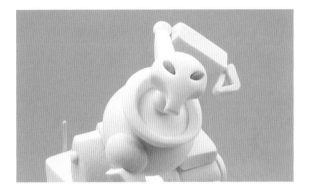

Avvertenza importante

Il filo metallico per fiori non dovrebbe essere utilizzato come supporto per le figure in zucchero poiché non è edibile e rappresenta un rischio di soffocamento.

Questo soggetto è in qualche modo un'eccezione: il robot è modellato interamente con il pastillage, che si indurisce molto quando asciuga e quindi non è adatto a essere mangiato: proprio per questo motivo ho potuto utilizzare anche i fili metallici per fiori per fissare alcuni pezzi. Ricordate di rimuovere totalmente il robot prima di servire la torta e informate il festeggiato che questa decorazione non è edibile.

Vale la pena sottolineare che i fili metallici per fiori non dovrebbero mai essere inseriti in alcuna parte edibile di una torta o di un soggetto da mangiare: se avete bisogno di un sostegno interno, troverete una buona alternativa nell'uso di spaghetti crudi o stecchini da cocktail, adatti al contatto con il cibo (ma ancora una volta raccomando di avvertire il destinatario perché sia consapevole che sono stati utilizzati supporti non edibili, che non devono essere ingeriti).

L'assemblaggio del braccio sinistro

20 Inserite un pezzo di filo metallico per fiori nella spalla sinistra. Infilate il braccio nel filo e incollatelo con un po' di pastillage morbido. Lasciate asciugare completamente prima di aggiungere e incollare l'avambraccio.

21 Piegate il filo all'altezza del gomito, poi infilate l'avambraccio sul filo metallico. Fissate insieme i due pezzi con un po' di pastillage fresco. Attendete la completa asciugatura di braccio e avambraccio prima di montare e incollare la mano.

La testa

22 Formate una pallina di pastillage del diametro di circa 4 cm e schiacciatela leggermente. Con un cutter tondo di 3 cm di diametro, ritagliate poi dalla metà inferiore della testa due spicchi laterali, come illustrato in fotografia. Con la punta ricurva di un Dresden tool create le orbite nella metà superiore della testa. Realizzate due gocce in pasta modellabile MMP blu Gentian e incollatele nelle orbite con un po' di colla edibile. Lasciate solidificare la testa.

23 Infilate la testa nello stecchino da cocktail che fuoriesce dal collo e cercate di farle assumere un

Il consiglio dell'esperto

Infilzare le diverse parti della figura utilizzando fili metallici per fiori (quella che io definisco la "tecnica ad aggancio") aiuta a mantenere saldamente in posizione le diverse componenti. Riuscirete così a manovrare la figura facendole assumere diverse posizioni poiché potete piegare il filo metallico come desiderate.

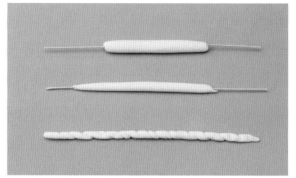

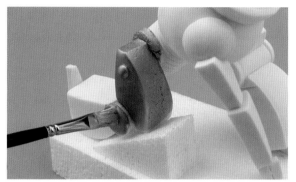

atteggiamento minaccioso. Incollate in mezzo alla fronte una striscia sottile di pastillage come tocco finale.

I piedi

24 Con del pastillage formate un cuneo con il lato più spesso di circa 1,5 cm di altezza. Usate il modello di riferimento per ritagliare i piedi, tenendo presente che i talloni dovranno essere nella parte più sottile del cuneo.

LA LANCIA

25 Prendete un pezzo di filo metallico per fiori lungo 12 cm. Formate una pallina con un po' di pastillage. Spennellate il filo con un po' di colla edibile e inseritelo nella pallina. Spianate la pallina di pastillage per ricoprire completamente il filo metallico. Eliminate eventuali eccessi di pasta alle estremità e fate qualche segno sui lati con uno stecchino da

cocktail per rifinire la lancia. Incollatela alla mano sinistra e lasciate asciugare completamente.

I COLORI

26 Dipingete il corpo del robot con il colore in polvere argento metallizzato diluito con qualche goccia di liquore chiaro. Con un secondo strato di colore liquido Lilac, scurite le giunture, i fianchi, la lancia e i piedi del robot.

L'ASSEMBLAGGIO

27 Incollate i piedi del robot al disco di base con un po' di pastillage morbido. Lasciate asciugare completamente.

28 Per il trasporto, mettete il robot con la sua base in una scatola a parte, con un pezzo

di polistirolo sul fondo. Infilate nel polistirolo degli stecchini da cocktail tutt'intorno al soggetto, in modo da impedire alla vostra decorazione di muoversi all'interno della scatola. Quando la torta sarà allestita sul tavolo di presentazione, fissate la base in pastillage con il robot, utilizzando un po' di ghiaccia reale.

Il consiglio dell'esperto

Il pastillage asciuga velocemente e mentre lo lavorate potrete riscontrare anche alcune screpolature nella pasta. Per evitarle, potrete aggiungere alla pasta un po' di grasso vegetale (tipo Crisco). In questo particolare progetto, invece, le screpolature daranno al personaggio l'aspetto di un guerriero consumato. Dipingete semplicemente le screpolature con il colore liquido Lilac per evidenziarle.

MINI CAKE ROBOT

Cuocete delle semisfere di 6 cm di diametro utilizzando una delle ricette di sponge cake riportate alle pagg. 9–14. Quando le mini cake si saranno raffreddate, ritagliate due spicchi su un lato delle semisfere utilizzando un cutter tondo da 2 cm di diametro: cercate di rendere l'aspetto di una testa scheletrica. Rivestitele con uno strato di ganache al cioccolato o crema al burro e fate raffreddare un paio d'ore in

frigorifero. Appoggiate le mini cake su vassoi tondi in cartoncino leggermente più grandi delle teste e ricoprite mini cake e basi con uno strato di pasta di zucchero bianca, premendola leggermente per farla aderire. Eliminate la pasta in eccesso dai bordi usando un cutter tondo delle stesse dimensioni della base per avere un taglio preciso. Con il lato smussato di un cutter rotondo, premete sulla pasta mettendo in evidenza la linea della mascella. Incollate una striscia di pasta in mezzo alla testa fino all'altezza degli occhi. Con la punta ricurva di un Dresden tool

create le orbite oculari. Dipingete ogni pezzo con il colore argento metallizzato in polvere, diluito con liquore chiaro. Evidenziate alcune parti con il colore liquido Lilac. Con la pasta di zucchero color blu Gentian modellate due forme a mandorla e incollatele nello spazio delle orbite oculari.

Potete anche dare alle teste un aspetto più rude facendo qualche segno con un coltello o premendo le setole dure di un pennello mentre la pasta è ancora morbida.

Quando ho deciso di includere una fata nel progetto di una torta, è spuntato mio fratello Elio con uno dei suoi bellissimi disegni ispirati alla natura e da qui il nome di Flora. Prima di preparare e ricoprire la torta, modellate in anticipo la fata e i fiori per dar loro il tempo di asciugare.

FLORA, LA FATA DEI BOSCHI

Occorrente

Un rotolo dolce del diametro di 12 cm e di altezza 10 cm, farcito con ganache (oppure con crema al burro, se preferite) (vedere ricetta a pag. 12)

Marshmallow (vedi ricetta a pag. 23)

Pasta di zucchero: 500 gr di bianco, 200 gr di bianco colorato con colori alimentari in pasta Daffodil chiaro (giallo narciso) e un tocco di Teddy Bear Brown (tonalità di marrone)

SK Mexican Modelling Paste (pasta modellabile MMP Squires Kitchen): una piccola quantità di bianco, più 250 gr di bianco colorato con un tocco di colorante in pasta Sunny Lime (verde acido)

SK Sugar Florist Paste (pasta specifica per la realizzazione dei fiori in zucchero SFP Squires Kitchen): 100 gr di bianco

SK Professional Paste Food Colours (coloranti alimentari in pasta professionali Squires Kitchen): Daffodil (giallo narciso), Edelweiss (bianco), Olive (verde oliva), Sunny Lime (verde acido), Teddy Bear Brown (marrone)

SK Professional Dust Food Colour: (coloranti alimentari in polvere professionali Squires Kitchen): Daffodil (giallo narciso), Green Envy (tonalità di verde)

SK Professional Liquid Food Colours (coloranti alimentari liquidi professionali Squires Kitchen): Blackberry (mirtillo), Bulrush (marrone scuro), Chestnut (marrone castagna), Daffodil (giallo narciso), Holly/Ivy (verde agrifoglio)

SK Instant Mix Royal Icing (preparato per ghiaccia reale istantanea Squires Kitchen): 100 gr

Qualche pezzo di carta di riso (per le ali)

Attrezzatura necessaria

Attrezzi base per la decorazione (vedere pag. 6)

Cake drum/board (vassoio argentato per torte, rigido) di diametro 28 cm

Due cake card (vassoi separatori in cartoncino) di diametro 15 cm (uno per la base del rotolo dolce e uno 'di servizio', per maneggiare la torta)

Stampo "Great Impressions Fairy Head Mould by Carlos Lischetti" oppure altro stampo a scelta per la testa della fata (vedi pag. 44)

Cutter per i fiori, di varie forme e dimensioni

Beccuccio a stella

Spazzola nuova, a setole dure

Aerografo (o uno spazzolino da denti nuovo)

Nastro di altezza 15 mm: colore verde salvia

Modello per le ali (vedere pag. 183)

Il consiglio dell'esperto

Prima di cominciare a modellare la fata, ricordate che le proporzioni del corpo dipendono dalla dimensione della testa, e quindi dello stampo, che utilizzate. Potete trovare consigli e indicazioni sulle regole delle proporzioni alle pagg. 42–43.

LA TESTA

1 Usate la pasta modellabile MMP bianca colorata con Sunny Lime per fare la testa con lo stampo (vedere istruzioni a pag. 45).

2 Quando avrete completato la testa e mentre la pasta sarà ancora morbida, utilizzate un ball tool di misura media per creare due grandi orbite oculari. Modellate la linea del mento levigandola con il pollice. Con la punta di uno stecchino forate le narici e mettete da parte la testa a solidificare.

3 Per gli occhi, modellate due palline con la pasta MMP bianca e incollatele nelle orbite con un po' di colla edibile. Con un ball tool piccolo premete nella metà superiore dell'occhio per creare l'incavo in cui metterete le iridi (questo incavo può essere messo

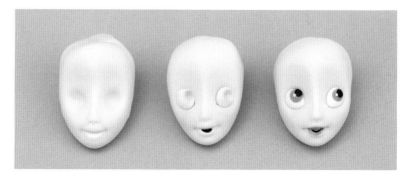

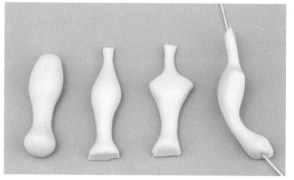

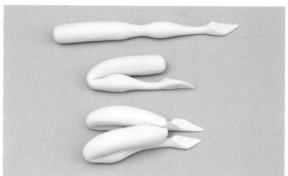

in un'altra posizione, a seconda della direzione in cui guarderà la fata).

4 Per le iridi, fate due palline con la pasta MMP colorata di verde Olive e incollatele negli incavi. Premetele delicatamente per uniformare lo spessore.

5 Con un pennellino sottile e del colore liquido verde Holly/Ivy, dipingete le pupille. Tenete presente che la pupilla deve toccare il bordo dell'occhio. Una volta asciutte, dipingete un puntino con il colore in pasta bianco Edelweiss per dare espressività agli occhi.

6 Dipingete le labbra con pennello sottile e un colore verde chiaro, ottenuto mischiando il colore liquido verde Holly/Ivy con il bianco in pasta Edelweiss. Con il colore liquido verde scuro Holly/Ivy dipingete una linea tra le labbra per dare profondità alla bocca.

7 Realizzate i denti con un pezzettino di pasta modellabile MMP bianca, che incollerete nella bocca, aiutandovi con la punta di un attrezzo da modelling. Spennellate le guance con i colori in polvere verde Green Envy e giallo Daffodil, mischiati.

IL BUSTO, LA VITA E I FIANCHI

8 Per realizzare il busto, la vita e i fianchi in un unico pezzo, prendete una quantità di pasta modellabile MMP leggermente più grande rispetto a quella usata per la testa, coloratela con verde Sunny Lime e fate una palla. Datele poi la forma di un cilindro e assottigliatela a 2/3 della lunghezza per creare il punto vita. Modellate l'altra estremità dandole la forma di un lungo collo di bottiglia, appiattite delicatamente il cilindro e pizzicate ai due lati del collo per modellare le spalle. Inarcate il busto

curvando il punto vita, come mostrato in fotografia.

9 Infilate collo e petto con uno stecchino da cocktail e infilate un altro stecchino alla base dei fianchi. Lasciate asciugare nella posizione desiderata, tenendo il busto appoggiato sul lato che sarà poi rivolto al retro della torta.

Il consiglio dell'esperto

Modellate un punto vita molto sottile e più allungato del solito, per dare alla fata un aspetto esile e delicato. Lo stecchino da cocktail infilato nel busto assicurerà stabilità al corpo.

LE GAMBE

10 Con un pezzo di pasta modellabile MMP colorata con verde Sunny Lime formate un rotolino e premete nella parte centrale per

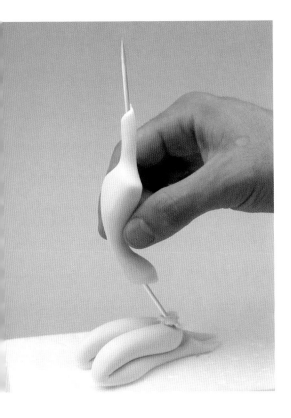

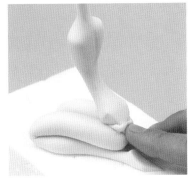

formare l'incavo dietro il ginocchio. Assottigliatene un'estremità come per creare un lungo collo di bottiglia, evidenziando così la parte che rappresenterà il polpaccio e lasciando un piccolo pezzo di pasta all'estremità per il piede. Prendete poi tra indice e pollice questa parte e spingetela delicatamente con le dita verso il polpaccio, creando così il tallone. Appiattite la pasta rimanente nella direzione opposta per formare il piede, poi tagliate l'estremità ad angolo.

11 Premete la lama girata di un coltello sul retro del ginocchio e piegate completamente la gamba. Modellate la seconda gamba allo stesso modo e incollatele poi insieme unendole nella parte superiore della coscia. Lasciate asciugare.

COME ASSEMBLARE IL BUSTO E LE GAMBE

Il consiglio dell'esperto

Appoggiate le gambe a un pezzo di polistirolo per sostenere la figura mentre state lavorando.

12 Inserite lo stecchino da cocktail che fuoriesce dalla base del busto, fissando entrambe le cosce alla base in polistirolo. Incollate le due parti con un po' di pasta modellabile MMP ammorbidita color verde Sunny Lime. Se necessario, sagomate la base del busto con un coltello affilato in modo tale che si possa appoggiare bene alle gambe e riempite eventualmente lo spazio tra i fianchi e le gambe con un po' di pasta ammorbidita.

13 Realizzate il costume della fata decorandolo con piccoli puntini di ghiaccia reale bianca: questo darà struttura e nasconderà anche la giuntura tra fianchi e cosce. Lasciate asciugare. Quando la ghiaccia sarà asciutta, spolverizzatela con il colore in polvere giallo Daffodil per dare uniformità al corpo.

Il consiglio dell'esperto

La decorazione in ghiaccia reale non solo darà consistenza, ma renderà anche più solida l'intera struttura.

LE BRACCIA

14 Con un pezzo di pasta modellabile MMP verde Sunny Lime formate un rotolino e modellatelo verso la metà per formare il gomito. Fate l'avambraccio modellando una lunga

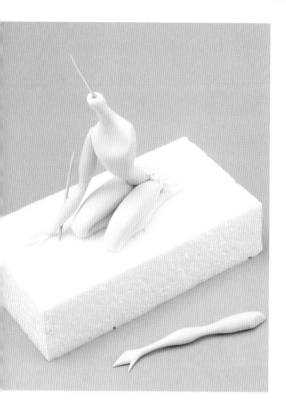

forma a collo di bottiglia, realizzando il polso e lasciando un pezzetto di pasta all'estremità per creare la mano. Appiattite questa estremità e ritagliate una punta a 'v' per formare il pollice. Tagliate ad angolo la parte rimanente per dare forma alla mano e alle altre dita.

15 Con la lama girata di un coltello fate un solco a metà del braccio e piegatelo per dar risalto al gomito (fatelo solo se le braccia dovranno essere piegate; non praticate alcuna incisione se il braccio sarà dritto).

16 Incollate le braccia alle spalle con un po' di colla edibile e cercate di nascondere il punto di giuntura uniformandolo delicatamente con le dita. Piegate i polsi facendo in modo che le mani si possano appoggiare bene sulla base di polistirolo: osservate in fotografia come

posizionare le braccia davanti al corpo. Date alle braccia un aspetto naturale piegandole leggermente a livello dei gomiti: delle braccia dritte le darebbero un aspetto troppo rigido.

Il consiglio dell'esperto

È importante posizionare il braccio destro lateralmente rispetto alla gamba perché aiuterà a dare maggior stabilità all'intera struttura ed eviterà che il soggetto si possa piegare su un lato.

17 Infilate la testa sullo stecchino che fuoriesce dal collo, dandole l'inclinazione desiderata, e fissatela sul retro con un po' di pasta. A questo punto lasciate asciugare completamente.

I CAPELLI

18 Per fare una capigliatura voluminosa, fissate dei marshmallow sopra la testa, ai lati e dietro, utilizzando un po' di ghiaccia reale. Riempite un conetto di carta con della ghiaccia reale verde Olive e tagliate l'estremità. Ricoprite in maniera uniforme i marshmallow con uno strato di ghiaccia reale e simulate il movimento dei capelli aiutandovi con un pennello umido. Quando il primo strato di ghiaccia sarà asciutto, aggiungete dei ciuffetti di ghiaccia di una tonalità più chiara, dando maggior rilievo. Fate la frangia con dei ciuffi di ghiaccia sulla fronte.

Il consiglio dell'esperto

I marshmallow sono molto utili per dare volume alla capigliatura senza appesantire troppo la testa.

LE ORECCHIE

19 Formate un cilindro con un pezzettino di pasta modellabile MMP verde Sunny Lime, dividetelo a metà e modellate le due parti realizzando le estremità appuntite. Premete con il ball tool per dare forma alle orecchie e incollatele ai lati della testa davanti ai capelli, all'altezza della linea degli occhi.

I FIORI

20 Per i fiori, stendete sottilmente un po' di pasta SFP bianca su un piano antiaderente unto con un po' di grasso vegetale (tipo Crisco). Ritagliate i fiori utilizzando due o tre cutter diversi a vostra scelta, poi assottigliate i bordi con il ball tool e date movimento ai fiori. Quando i fiori si saranno induriti, spolverizzate il centro

con i colori in polvere giallo Daffodil e verde Green Envy. Incollate i fiori ai capelli con un po' di ghiaccia reale e decorate il centro di ogni fiore con un puntino di ghiaccia reale bianca.

LE FARFALLINE

21 Stendete un po' di pasta SFP bianca su un piano antiaderente, unta con un po' di grasso vegetale (Crisco). Con un cutter ritagliate dei fiori con i petali a punta e tagliate poi qualche petalo, lasciandone solo due. Assottigliate i bordi con il ball tool, piegate a metà e pizzicate per dare forma alle ali. Lasciate asciugare

prima di dipingere con un pennello sottile e del colore liquido Blackberry.

22 Incollate ai capelli le farfalline e i fiori usando dei punti di ghiaccia reale.

LE ALI

23 Ritagliate le ali dalla carta di riso usando come riferimento il modello fornito. Piegate le ali a metà e incollatele alla schiena della fata con un po' di ghiaccia reale di consistenza soft (vedere pag. 27). Rimuovete eventuali eccessi di ghiaccia con un pennellino sottile e lasciate asciugare.

Il consiglio dell'esperto

Per risparmiare tempo, potete realizzare le farfalline con la pasta SFP nera.

LA TORTA

24 Per trasformare la torta in un tronco, eseguite alcuni tagli sul lato della torta con un coltello affilato, come illustrato in fotografia. Ricoprite la superficie e i lati della torta con uno strato di ganache, che permetterà anche alla pasta di zucchero di aderire più facilmente. Fate raffreddare in frigorifero per un paio d'ore prima di rivestire.

25 Su un piano di lavoro spolverizzato con zucchero a velo, stendete un po' di pasta di zucchero bianca fino a uno spessore di 5 mm e a un diametro leggermente più grande di quello della torta; trasferite poi la pasta su un vassoio in cartoncino per torte. Capovolgete la torta sulla pasta tagliando con un coltello affilato l'eccesso che fuoriesce dai bordi e seguendo bene il contorno della base della torta sagomata (che diventerà

poi il top della torta). Capovolgete poi la torta sul vassoio di scorta e mettetela da parte.

26 Stendete dell'altra pasta di zucchero bianca a uno spessore di 5 mm e tagliatene una striscia alta quanto la torta e lunga abbastanza da avvolgerla (se necessario, usate un cartamodello per aiutarvi). Premete sulla pasta con una spazzola nuova a setole dure, per rendere l'effetto del tronco.

27 Avvolgete questa striscia attorno alla torta e fatela aderire bene alle parti sagomate per seguire la forma del tronco. Tagliate la pasta in eccesso e con lo smoother levigate la giuntura intorno al top della torta.

28 Con la pasta rimasta modellate le radici e i rami. Incollateli al tronco con un po' di colla edibile e

simulate i segni sul tronco incidendoli con il manico di un pennello. Modellate dei salsicciotti di pasta per realizzare le radici nodose che sembreranno uscire dalla base. Lasciate asciugare su una superficie piatta. Dipingete con il colore liquido marrone Bulrush e lasciate asciugare ancora.

COME COLORARE IL TRONCO DELL'ALBERO

29 Potete colorare il tronco con l'aerografo o con la tecnica a spruzzo, come spiegato a pag. 47. Se usate l'aerografo, applicate uniformemente su tutto il tronco uno strato di colore liquido giallo Daffodil, diluito con qualche goccia di acqua bollita e lasciata raffreddare. Aerografate la base del tronco con il colore liquido marrone Chestnut, sfumando il colore

verso l'alto. Per dare maggior profondità, potete aerografare un terzo strato di colore usando il marrone Bulrush sulla base della torta e nelle fessure.

30 Se decidete di usare uno spazzolino da denti, colorate la pasta di zucchero con il colore in pasta giallo Daffodil e ricoprite la torta come spiegato ai punti 25, 26 e 27. Colorate la pasta solo se usate questa tecnica, in modo tale da avere un colore uniforme di base. Muovendo le setole dello spazzolino, schizzate uno strato sottile di colore liquido marrone Chestnut partendo dalla base e diradando poi il colore verso l'alto.

Il consiglio dell'esperto

È più semplice calibrare la consistenza di un colore in pasta piuttosto che di un colore liquido, per cui, quando dovete spruzzare un colore, è preferibile utilizzare un colore in pasta che potrà essere diluito alla consistenza desiderata.

31 Una volta colorato il tronco, usate una spatola per sollevarlo insieme alla base in cartoncino e fissate il tutto al cake board (vassoio rigido) con un po' di farcitura o di ghiaccia reale. Personalmente preferisco usare una base in cartoncino sopra il cake board per una presentazione migliore.

32 Per coprire il cake board di base, colorate della pasta di zucchero con i colori in pasta giallo Daffodil e marrone Teddy Bear Brown e stendetela a uno spessore di 3 mm. Incollatela alla base con un po' di colla edibile, quindi simulate l'effetto dell'erba premendo e tirando la pasta con un beccuccio punta a stella.

I TOCCHI FINALI

33 Con il colore in polvere giallo Daffodil spennellate i piedi, le orecchie e le mani della fata, sfumando il colore in modo uniforme. Incollate le radici che sembrano fuoriuscire dal terreno con un po' di pasta ammorbidita. Incollate le farfalle sul tronco e sulla base, creando una piacevole composizione.

L'ASSEMBLAGGIO

34 Trasportate la fata in una scatola separata, come spiegato a pag. 48, poi fissatela alla torta con una piccola quantità di ghiaccia reale.

Il consiglio dell'esperto

Se avete bisogno di una torta che possa servire più porzioni, potete realizzare il tronco con un pezzo di polistirolo sagomato e ricoperto in pasta di zucchero, che userete come base per la fata. Fate poi una torta tonda delle dimensioni necessarie per i vostri ospiti e appoggiatevi sopra la fata seduta sul tronco. Questo metodo vi permetterà anche di conservare il topper come ricordo della festa.

DOLCETTI CON MARSHMALLOW ALLA MENTA

Per i biscotti seguite la ricetta a pag. 16 nella variante al cioccolato e usate un tagliabiscott tondo piccolo perché tutti siano della stessa dimensione.

Aggiungete qualche goccia di colorante liquido verde e qualche goccia di estratto di menta alla ricetta dei marshmallow di pag. 23. Con una sac à poche guarnite ogni biscotto con il marshmallow alla menta. Per rendere questi dolci ancora più squisiti, mi piace aggiungere un cuore di ganache al centro di ogni biscotto prima di completarlo con il marshmallow alla menta. Spolverizzate ogni biscotto con un po' di cocco grattugiato al quale avrete aggiunto del colorante alimentare verde e decorate con le farfalle in pasta SFP nera.

Mi è venuta questa idea ripensando al periodo trascorso in una vecchia casa a Edimburgo, dove mi capitava spesso di trovare dei topolini in cucina. I topini erano carini come quelli che ho voluto rappresentare in questa scena ma naturalmente non potevo farli rimanere in casa!

Ho ideato il pezzo centrale pensando a una torta monoporzione e una tazza in pastillage. Le mini cake possono essere presentate disponendo i topini tra le tazze e i dolci sulla tavola.

IN CERCA DI CIBO

Occorrente

Dodici mini cake tonde (vedere pag. 39) del diametro di 7 cm e di altezza 5 cm

SK Marzipan - Marzapane Squires Kitchen: 1,5 kg (facoltativo)

Pasta di zucchero: 2,15 kg di bianco

SK Instant Mix Pastillage (preparato per pastillage istantaneo Squires Kitchen): 200 gr di rosa chiaro (ottenuto con un tocco di rosso Poinsettia e un tocco di giallo Daffodil, entrambi colori in pasta), 50 gr di bianco (quindi il preparato base, non colorato)

SK Sugar Florist Paste (pasta specifica per la realizzazione dei fiori in zucchero SFP Squires Kitchen): 400 gr di bianco

SK Professional Paste Food Colours (coloranti alimentari in pasta professionali Squires Kitchen): Blackberry (mirtillo), Cyclamen (rosso ciclamino), Daffodil (giallo narciso), Edelweiss (bianco), Fuchsia (fucsia), Poinsettia (rosso Natale), Teddy Bear Brown (tonalità di marrone)

SK Professional Dust Food Colour (coloranti alimentari in polvere professionali Squires Kitchen): Chestnut (marrone castagna)

SK Designer Pastel Dust Food Colour (coloranti alimentari in polvere pastello Squires Kitchen): Pale Pink (rosa tenue)

SK Designer Dust Food Colour (coloranti alimentari in polvere Squires Kitchen): Etruscan Brick (mattone)

SK Professional Liquid Food Colours (coloranti alimentari liquidi professionali Squires Kitchen): Chestnut (marrone castagna), Holly/Ivy (verde agrifoglio), Jet Black (nero)

SK Instant Mix Royal Icing (preparato per ghiaccia reale istantanea Squires Kitchen): 100 gr

Liquore all'arancia o altro liquore chiaro

Zollette di zucchero

Attrezzatura necessaria

Attrezzi base per la decorazione (vedere pag. 6)

Un cake drum/board (vassoio argentato per torte, rigido) quadrato, di lato 23 cm

12 cake card (vassoi in cartoncino) di diametro 7 cm

Uno stampo cilindrico del diametro di 7,5 cm (per es. un tubo di plastica o una lattina ricoperta con cartoncino sottile)

Un cutter dal bordo ondulato

Nastro di altezza 15 mm: colore bianco

Modelli di riferimento (vedere pag. 183)

LA BASE

1 Colorate leggermente 150 gr di pasta di zucchero bianca con una punta di marrone Teddy Bear Brown, stendetela a uno spessore di 3 mm e ricoprite il cake drum quadrato di base. Livellate la pasta con lo smoother per eliminare eventuali imperfezioni e tagliate poi con un coltello a lama liscia l'eccesso di pasta che fuoriesce dai bordi. Rifinite i bordi del vassoio incollando un nastro bianco con una colla stick atossica e mettetelo da parte.

IL TOVAGLIOLO RICAMATO

2 Ungete leggermente un piano antiaderente con del grasso vegetale bianco (Crisco) e stendete una sfoglia molto sottile usando circa 100 gr di pasta SFP bianca, realizzando un rettangolo delle dimensioni approssimative di 30 cm x 23 cm. Tagliate i bordi con un cutter ondulato. Per fare il pizzo, ritagliate una serie di forme con un cutter a goccia, un piccolo cutter tondo e uno a foglia, come illustrato in fotografia. Ritagliate il motivo su un angolo del tovagliolo. Mettete il tovagliolo sulla base di presentazione, create qualche piega da un lato e lasciate liscia la parte opposta.

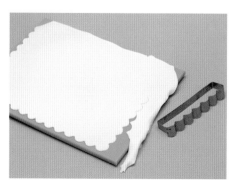

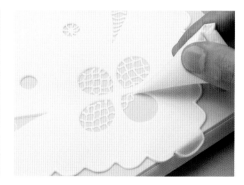

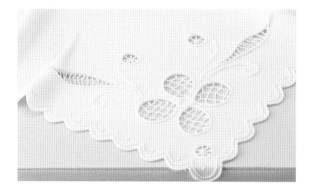
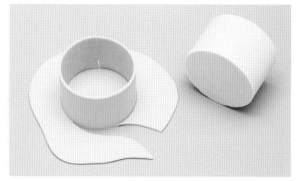
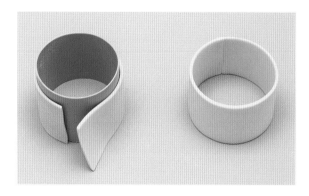

3 Per fare il ricamo preparate un po' di ghiaccia reale di consistenza soft-peak (vedere pag. 27). Riempite di ghiaccia un conetto e tagliate una piccola punta (oppure inserite un beccuccio n. 2 prima di riempirlo di ghiaccia). Decorate con una linea di ghiaccia lungo il bordo esterno del tovagliolo ricamato, seguendo il bordo smerlato. Aggiungete una seconda linea più interna e fate dei piccoli puntini per completare il ricamo sul bordo. Per creare l'effetto pizzo, tracciate delle linee di ghiaccia incrociate all'interno delle forme ritagliate e aggiungete altri decori per completare il motivo.

LA TAZZA IN PASTILLAGE

4 Su un piano antiaderente stendete del pastillage rosa tenue a uno spessore di 3 mm e ritagliatene una striscia aiutandovi con un cartamodello. Avvolgete questa striscia intorno a un cilindro di plastica di 7,5 cm di diametro (o a un barattolo o lattina di metallo ricoperto con un cartoncino sottile). Se necessario, regolate le estremità e levigate la linea di congiunzione, avvicinandole e premendole delicatamente. Quando la pasta si sarà un po' indurita, rimuovete lo stampo cilindrico e lasciate asciugare completamente.

Il consiglio dell'esperto

Preparate la tazza in pastillage con qualche giorno di anticipo per darle il tempo di asciugare. È utile preparare qualche tazza di riserva nel caso in cui se ne dovesse rompere una durante la fase di montaggio.

5 Per fare il fondo della tazza, spennellate della colla edibile lungo il bordo inferiore del cilindro.

Stendete del pastillage rosa allo spessore di 3 mm e premete delicatamente il cilindro sulla pasta per farla aderire. Tagliate con cura intorno alla base usando un coltello affilato e lasciate asciugare perfettamente.

6 Per decorare la tazza, stendete una sfoglia sottile di pasta per fiori SFP colorata con un tocco di Fuchsia. Modellate una pallina di pasta SFP colorata con un tocco di rosso Cyclamen e premetela delicatamente sulla pasta stesa in precedenza. Passate il mattarello per fondere i due colori e ritagliate un fiore usando il cutter margherita. Fate aderire il fiore alla tazza con un po' di colla edibile.

7 Per il manico, modellate un cilindro sottile con del pastillage rosa tenue e curvatelo formando un ricciolo, usando come riferimento il modello fornito. Avrete bisogno di dodici manici per le mini cake.

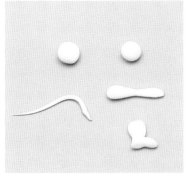

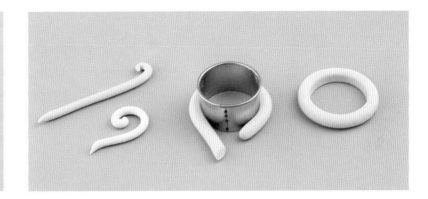

Il consiglio dell'esperto

Ho realizzato questo progetto anche con due tazze di pastillage impilate sopra la mini cake invece di una, per aggiungere altezza alla composizione e creare un punto focale: scelta ideale per un grande festeggiamento. Per un effetto ancora più unico, abbellite le tazze con diversi tipi di decoro.

8 Per la base della tazza, formate un cordoncino spesso 1 cm con del pastillage rosa tenue e arrotolatelo intorno a un cutter tondo di diametro 5 cm per formare un anello. Tagliate la pasta in eccesso e levigate il punto di giuntura. Lasciate asciugare completamente, dopo aver tolto il cutter. Preparatene due per la torta, oppure dodici per le mini cake.

9 Quando la base e il manico saranno perfettamente asciutti, incollateli alla tazza in pastillage con un po' di ghiaccia reale rosa tenue. Tenete il manico in posizione sostenendolo con un pezzo di polistirolo finché non sarà completamente asciutto.

IL TOPOLINO NELLA TAZZA

Il consiglio dell'esperto

Potete modellare i topini con il marzapane invece che con la pasta per fiori se volete lasciarli come ricordo della festa o come dolcetto, o semplicemente se amate il gusto del marzapane.

10 Per il corpo del topino, modellate a pera una pallina di pasta SFP bianca e tagliate l'estremità più stretta. Per mantenere il topino in posizione, sostenetelo con un pezzo di polistirolo all'interno della tazza in pastillage. Infilate uno stecchino da cocktail nel corpo del topino per tenerlo in posizione verticale. Spingete delicatamente il topolino verso l'interno della tazza, lasciando sporgere il sederino.

11 Per realizzare la zampina piegata, modellate un pezzetto di pasta SFP bianca a forma di piccola bottiglia. Piegate l'estremità più sottile per creare il piede e pizzicate il tallone, dando forma alla zampa. Incollatela al lato destro del corpo e modellate la zampetta sul bordo della tazza.

12 Fate allo stesso modo anche la zampetta sinistra e incollatela tesa al corpo del topolino.

Il consiglio dell'esperto

Non incollate subito la zampa al bordo della tazza perché bisogna ancora rimuovere il corpo per colorarlo. Usate il bordo solo per modellare la zampetta nella posizione desiderata.

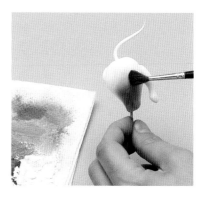

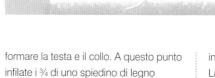

13 Per la coda, modellate un cordoncino con un po' di pasta SFP bianca e assottigliatene un'estremità. Lasciate asciugare. Quando sarà asciutta, infilate la coda nel corpo del topino (in questa fase dovrebbe essere ancora morbido all'interno) e fissatela con un po' di colla edibile. Una volta asciutto, togliete dalla tazza il topolino e il pezzo di polistirolo. Lasciate lo stecchino nel corpo del topino perché vi aiuterà a maneggiarlo mentre lo colorate.

14 Con un pennello morbido e il colore in polvere marrone Chestnut, spennellate il sederino, la coda e le zampette. Eliminate l'eccesso di colore passando il pennello su un pezzo di carta da cucina prima di colorare e poi sfumate il colore finché non otterrete la tonalità desiderata. Lasciate bianca la pancia del topolino. Quando avrete finito, togliete lo stecchino e incollate il topino alla tazza in pastillage nella posizione desiderata, servendovi di un po' di pastillage ammorbidito.

Il topolino in piedi

15 Modellate una palla con 50 gr di pasta SFP bianca e da questa ricavate un salsicciotto con un'estremità a punta. Modellate la pasta verso questa estremità in modo da formare la testa e il collo. A questo punto infilate i ¾ di uno spiedino di legno nel corpo.

Il consiglio dell'esperto

Quando inserite lo stecchino nel corpo, fategli fare contemporaneamente anche un movimento rotatorio e inseritelo fino ai ²/₃ della lunghezza del corpo per evitare di deformare il pezzo. Poiché lo stecchino in questa fase serve solo temporaneamente per sostenere il corpo, ungetelo preventivamente con un po' di grasso vegetale (tipo Crisco,) in modo da facilitare poi la rimozione.

16 Aprite la bocca del topino con la punta del manico di un pennello e marcate le fossette degli occhi con uno stecchino. Realizzate quindi i fori ai lati della testa, nei punti in cui verranno posizionate le orecchie. Lasciate asciugare il corpo tenendolo in posizione verticale su un pezzo di polistirolo.

17 Modellate la coda e le zampette posteriori come spiegato prima e incollatele al corpo nella posizione desiderata con un po' di colla edibile.

18 Formate le zampine anteriori con una pallina di pasta SFP bianca, che modellerete a forma di bottiglia. Appiattite l'estremità più piccola per creare la mano e incollate la zampa al corpo come se il topino si stesse appoggiando alla tazza, come in foto. Allo stesso modo realizzate anche l'altra zampetta.

19 Modellate un pezzettino di pasta SFP rosa chiaro a forma di goccia e fissatelo con un po' di colla edibile sulla punta del musino per fare il naso.

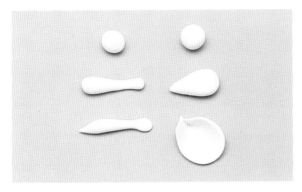

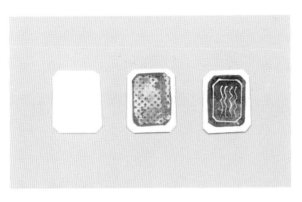

20 Realizzate le orecchie modellando una pallina di pasta SFP bianca a forma di goccia. Appiattitela leggermente con un mattarello piccolo, premete nella parte interna con un piccolo ball toll per dare forma alle orecchie e infine pizzicate l'estremità a punta. Incollate questa estremità alla testa con un po' di colla edibile.

21 Realizzate il ciuffetto sulla testa con qualche rotolino sottile di pasta SFP bianca: appuntite le estremità e incollatele alla testa cercando di dare al ciuffetto un po' di movimento.

22 Quando sarà completamente asciutto, colorate il corpo del topino sfumando il colore in polvere marrone Chestnut, escludendo il pancino. Riempite le fossette degli occhi con un punto di ghiaccia reale nera. Quando la ghiaccia sarà asciutta,

usate la punta di uno stecchino intinta nel colore bianco in pasta Edelweiss e segnare il punto luce negli occhi per ottenere una maggiore espressività.

23 Date profondità alla bocca con un pezzettino di pasta SFP color rosso Cyclamen. Realizzate i denti con un piccolissimo rettangolo di pasta SFP bianca molto sottile: con un coltello incidete la parte centrale del rettangolo e incollate i dentini alla bocca. Spennellate la parte più interna delle orecchie con il colore in polvere rosa Pastel Pink.

IL TOPOLINO SEDUTO

24 Realizzate il corpo come spiegato per il topino in piedi. Fissatelo poi con uno spiedino di legno a un pezzo di polistirolo e portate

in avanti l'estremità appuntita (che rappresenterà il muso). Realizzate il sorriso premendo con un piccolo cutter tondo nella metà inferiore del musino. Aprite la bocca proprio sotto la linea del sorriso, aiutandovi con la punta del manico di un pennello. Segnate le fossette degli occhi con la punta di uno stecchino e lasciate asciugare.

25 Modellate la coda, le zampine, le orecchie e il ciuffetto come spiegato prima e incollate al corpo tutte le parti nella posizione desiderata. Quando sistemerete le zampine anteriori e farete i dettagli del muso, tenete presente che questo topino seduto sta tenendo tra le zampe una zolletta di zucchero per mangiarsela.

26 Quando sarà asciutto, sfumatelo con il colore in polvere Etruscan Brick, evitando di nuovo di colorare il pancino. Spennellate la parte più interna delle orecchie e

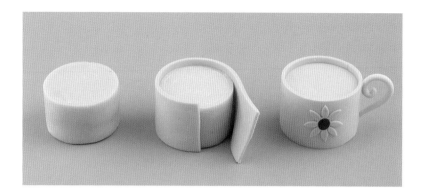

le guance con il colore in polvere rosa Pastel Pink. Con un pennello sottile e il colore liquido marrone Chestnut, dipingete le sopracciglia a questo topolino e a quello in piedi tracciando due linee sottili sopra gli occhi.

L'ETICHETTA DELLA BUSTINA DA TÈ

27 Stendete un pezzettino di pasta SFP bianca e ritagliate il rettangolo che rappresenterà l'etichetta della bustina da tè. Smussate gli angoli e mettete da parte.

28 Con un pennellino e il colore liquido verde Holly/Ivy, dipingete un rettangolo più piccolo sulla pasta ritagliata, tamponando il colore con un pezzo di carta da cucina

(appoggiate la carta, in modo che si evidenzi la trama). Quando il colore sarà asciutto, decorate l'etichetta tracciando qualche linea ondulata con della ghiaccia reale color giallo Daffodil.

29 Fate asciugare e incollate poi l'etichetta su un lato della tazza con un po' di pastillage ammorbidito o con una goccia di ghiaccia reale. Tracciate una linea sulla tazza con la ghiaccia bianca per simulare il filo della bustina.

Il consiglio dell'esperto

Potete personalizzare le mini cake decorando le etichette con le iniziali dei destinatari.

MINI CAKE

30 Farcite una mini cake e ricopritela (con crema al burro o ganache), poi coprite la sommità e la superficie laterale seguendo le istruzioni di pag. 36 (come rivestire con il marzapane una torta dai bordi dritti). Se non gradite il gusto del marzapane, rivestite il top della mini cake solo con pasta di zucchero colorata con un tocco di marrone Teddy Bear Brown per rendere l'effetto del "tè al latte". Ricordate di fissare un piccolo cartoncino (cake card) sotto la base quando capovolgerete la mini cake nella posizione finale.

31 Stendete un po' di pasta di zucchero rosa chiaro allo spessore di 3 mm e ritagliate una striscia 1 cm più alta rispetto all'altezza della mini cake. Spennellate il marzapane con del liquore all'arancia oppure

con altro liquore chiaro (tralasciate questo passaggio se non avete usato il marzapane) e avvolgete la mini cake con la striscia di pasta preparata, tagliando la pasta in eccesso nel punto di giuntura. Lasciate asciugare la pasta.

32 Incollate il manico con un po' di ghiaccia reale e sostenetelo in posizione con un pezzo di polistirolo finché la ghiaccia non sarà completamente asciutta. Rifinite con un fiore decorativo, come descritto per la tazza in pastillage. Utilizzando la ghiaccia reale, incollate la mini cake alla base ad anello in pastillage. (Ricordate che il cake card fissato sotto la mini cake servirà da supporto)

ASSEMBLAGGIO

33 Con un po' di ghiaccia reale incollate la mini cake al vassoio di presentazione, disponendola sopra il tovagliolo ricamato. Prendete la tazza in pastillage con dentro il topino e sistematela in modo che sia leggermente inclinata da un lato, come mostrato in fotografia. Disponete e incollate i topolini sul tovagliolo con un punto di ghiaccia reale. Spargete dei pezzetti di zollette di zucchero qua e là sul vassoio.

34 Se dovete affrontare un trasporto a lunga distanza, sistemate la tazza in pastillage con il topino in una scatola a parte e posizionatela poi una volta a destinazione.

Il consiglio dell'esperto
Per ingolosire ancora di più i vostri ospiti, sostituite le zollette di zucchero con macaron, dolcetti e altri bocconcini colorati.

LE TAZZINE DOLCI

Preparate queste simpatiche tazze seguendo il metodo spiegato nel progetto principale. Potete variare i colori e la decorazione per abbinarli a tazze e piattini veri che avete in casa. Appoggiate le mini cake su veri piattini per sorprendere i vostri ospiti con una tazza ... tutta da mangiare!

Per un tocco divertente e scherzoso, ritagliate dalla carta di riso la sagoma del "fumo che sale dalla tazza" e incollatela sopra la mini cake con un po' di colla edibile.

FASHIONISTA

Questa giovane e bella trend-setter cammina sicura per il mondo. Sembra che gli abiti siano fatti solo per lei e per nessun altro. Tutti gli occhi sono puntati su di lei, ma la ragazza non se ne accorge neppure.

Occorrente

Una torta tonda o quadrata, farcita e
ricoperta di pasta di zucchero bianca,
delle dimensioni necessarie per i vostri
ospiti (vedere pagg. 32–34)

Pasta di zucchero: 400 gr di bianco
(più altra pasta di zucchero bianca per
coprire la torta e il vassoio di base)

SK Sugar Florist Paste (pasta
specifica per la realizzazione dei fiori
in zucchero SFP Squires Kitchen):
50 gr color Berberis (arancione) scuro,
200 gr color carne ottenuto con un
tocco di Teddy Bear Brown (marrone),
100 gr Violet (viola), 100 gr bianco

SK Professional Paste Food Colours
(coloranti alimentari in pasta
professionali Squires Kitchen):
Berberis (arancione), Fuchsia (fucsia),
Hydrangea (azzurro ortensia), Poppy
(rosso papavero), Teddy Bear Brown
(marrone caldo), Violet (viola)

SK Professional Dust Food Colour
(coloranti alimentari in polvere
professionali Squires Kitchen): Violet
(viola)

SK Designer Pastel Dust Food Colour
(coloranti alimentari tinte pastello in
polvere Squires Kitchen): Pastel Pink
(rosa pastello)

SK Professional Liquid Food
Colour (coloranti alimentari liquidi
professionali Squires Kitchen):
Chestnut (marrone castagna)

SK Instant Mix Royal Icing (preparato
per ghiaccia reale istantanea Squires
Kitchen): 50 gr

Attrezzatura necessaria

Attrezzi base per la decorazione
(vedere pag. 6)

Un cake drum/board (vassoio
argentato per torte, rigido) più
grande della torta

Un cake card (vassoio in cartoncino)
della stessa forma e dimensione
della torta

Una base quadrata in polistirolo
(dummy) con lato 7 cm e altezza
8 cm, più alcuni pezzi in polistirolo da
utilizzare come supporto

Beccuccio n. 1

Pezzi di spugna adatti al contatto
con alimenti

Nastro di altezza 15 mm: colore viola

Modelli di riferimento (vedere
pag. 184)

LA RAGAZZA

Le gambe

1 Dividete a metà 200 gr di pasta
per fiori SFP bianca colorata con
una punta di marrone in pasta Teddy
Bear Brown e mettetene da parte una
metà, richiudendola ermeticamente in
una busta di plastica per alimenti. Con i
100 gr di pasta realizzate un cilindro per
formare le gambe, usando il modello
come riferimento per determinare
spessore e lunghezza del cilindro.
Assottigliatelo verso un'estremità, come
per formare una coda da sirena.

2 Appiattite ora la pasta aiutandovi
con uno smoother o con il palmo
della mano. Cercate di tenere la pasta
più spessa a livello della vita e più fine
ai piedi. Tagliate la pasta in eccesso
alle due estremità, seguendo il modello
come guida. Premete leggermente
il cilindro a metà nel senso della
lunghezza, per creare il solco che divide
le due gambe.

3 Infilate uno spiedino di legno nelle
gambe partendo dal basso e
arrivando alle ginocchia, facendo ruotare
un po' la parte superiore delle gambe
e lasciando piatta l'estremità inferiore,
come illustrato. Piegate leggermente
le ginocchia e lasciate asciugare
appoggiando il pezzo su un lato. Una
volta asciutte, infilate le gambe con lo
spiedino nel dummy in polistirolo.

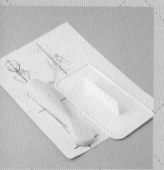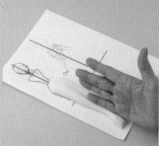

Il consiglio dell'esperto

A prima vista questo soggetto sembra
fragile, ma la forma delle gambe,
spessa e astratta, rappresenta invece
un solido supporto. Una leggera
torsione delle gambe contribuisce a
rendere la figura slanciata quando la
si guarda frontalmente.

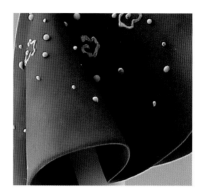
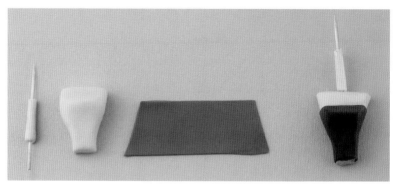

La gonna

4 Per la gonna, stendete un po' di pasta SFP color Violet su un piano antiaderente unto con del grasso vegetale (tipo Crisco). Ritagliate un cerchio di 14 cm di diametro e sfumate del colore in polvere Violet su un lato, per esaltare il colore della gonna; incollatelo poi sui fianchi con un po' di colla edibile. Ripiegate la pasta con le dita per creare le pieghe della gonna.

5 Coprite la punta di uno spiedino in legno con una pallina di pasta per evitare che possa strappare la gonna e usate questo stecchino e un pezzo di polistirolo per tener alzato un lembo del vestito. Inserite uno stecchino nella vita e lasciate da parte ad asciugare.

Busto

6 Per fare il busto, prendete la pasta SFP bianca colorata che avevate messo da parte e modellatela come per realizzare una bottiglia. Passate un piccolo mattarello sulla parte più ampia del busto, lasciando però la sporgenza del petto. Eliminate la pasta in eccesso con un taglio netto a entrambe le estremità, specialmente sulla linea delle spalle: in questo modo darete al pezzo la forma di un trapezio. Infilate uno stecchino da cocktail nella vita per creare un foro nel busto, poi rimuovetelo. Mettete da parte e fate asciugare.

Il collo

7 Per il collo, fate una pallina con la pasta SFP bianca colorata con una punta di marrone in pasta Teddy Bear Brown e infilatela su uno stecchino. Con questa pasta fate un rotolino e tagliatelo della lunghezza desiderata, lasciando fuoriuscire un pezzo di stecchino da entrambe le estremità. Mettete ad asciugare. Una volta asciutto, inserite il collo nel busto e bloccatelo nella giusta posizione con un po' di pasta ammorbidita.

8 Vestite il busto con una striscia sottile di pasta SFP color Violet. Esaltate la tonalità con del colore in polvere Violet e incollatelo intorno al busto con un po' di colla edibile.

Il consiglio dell'esperto

Sistemare la gonna come se un soffio di vento la stesse sollevando da un lato per dare movimento alla figura.

Tagliate la pasta in eccesso nella parte posteriore e infilate il busto nello stecchino da cocktail che avete inserito nella vita attraverso il foro preventivamente creato. Con un po' di pasta SFP Violet ammorbidita, incollate il busto alla gonna, inclinandolo leggermente da un lato, e lasciate asciugare.

9   Per la cintura, fate un rotolino di pasta SFP colorata con il color Berberis (arancione) brillante e incollatelo intorno alla vita con un po' di colla edibile. Tagliate la pasta in eccesso sul retro con un paio di forbici.

La testa

10   Con un po' di pasta SFP bianca colorata con il marrone Teddy Bear Brown modellate una forma a goccia. Con un piccolo cutter tondo premete leggermente nella metà inferiore della goccia per incidere il sorriso. Premete appena sotto l'incisione con la punta ricurva di un Dresden tool per far sporgere leggermente il labbro inferiore. Lasciate asciugare la testa prima di fare il resto dei dettagli del volto.

11   Per il naso, modellate una piccola goccia e incollatela sopra la bocca, uniformando la parte alta del naso con la pasta del viso e pizzicando la parte più larga per fare rivolgere il naso all'insù. Utilizzate un piccolo cutter per eliminare l'eventuale pasta in eccesso e dare la forma desiderata al naso. Con un pennello sottile e un po' di marrone liquido Chestnut dipingete le ciglia e le sopracciglia.

12   Per fare le labbra, prendete un po' di pasta SFP colorata con colorante Fuchsia e modellate due rotolini con le estremità appuntite, che incollerete per formare le labbra.

Spennellate le guance e le palpebre con il colore in polvere rosa Pastel Pink. Quando avrete completato i dettagli del viso, tagliate con un coltello affilato la parte superiore della testa, dove andrà posizionato il cappello. Lasciate quindi asciugare la testa finché non sarà abbastanza solida da poterla maneggiare senza deformarla.

Il cappello

13   Modellate una goccia con un po' di pasta SFP colorata con arancione Berberis vivace e incollatela sul retro della testa modellandola ai lati e fino all'attaccatura dei capelli. Con uno spiedino di legno infilate la testa in un pezzo di polistirolo per farla asciugare senza schiacciare la forma arrotondata del cappello. Una volta asciutta, infilate la testa nello stecchino che fuoriesce dal collo, incollandola nella posizione voluta con un po' di pasta ammorbidita.

14 Decorate il cappello con delle "virgole" in ghiaccia reale arancione fatte con un beccuccio n. 1. Per il bordo del cappello, modellate un cordoncino di pasta SFP arancione chiaro (usando il colore Berberis) e incollatelo sulla linea di congiunzione tra la testa e il cappello.

15 Modellate le orecchie con due piccole gocce di pasta SFP e incollatele ai lati del cappello, appena sotto la linea degli occhi. Realizzate gli orecchini con due puntini di ghiaccia reale bianca.

16 Per il fiore sul cappello, stendete uno strato sottile di pasta SFP arancione chiaro e ritagliate tre cerchi concentrici. Assottigliate i bordi di ciascun cerchio con un ball toll piccolo e incollateli uno sull'altro. Pizzicate i cerchi sul retro, formando delle pieghe, e incollateli su un lato del cappello con un po' di colla edibile. Premete delicatamente il centro del

fiore con il ball tool per incollarlo bene al cappello.

17 Per decorare la gonna, riempite di ghiaccia reale colorata con un tocco di Violet un conetto al quale avrete tagliato una piccola punta all'estremità. Tracciate con la ghiaccia alcuni fiori stilizzati, sulla gonna e intorno alla vita, diradando la decorazione verso il bordo della gonna. Per completare il decoro, fate dei puntini con la ghiaccia colorata di arancione e azzurro Hydrangea.

Le braccia

18 Modellate le braccia con un po' di pasta SFP colorata con Teddy Bear Brown come spiegato nel progetto della ballerina (vedere pag. 54). Incollate le braccia ai lati del busto come illustrato, sostenendole con un pezzo di spugna finché non saranno completamente asciutte. Incollate due strisce sottili di pasta SFP Violet sulle

spalle, (coprendo il punto in cui le braccia si uniscono al busto) per fare le spalline dell'abito.

Il consiglio dell'esperto

Per realizzare il braccio piegato, la cosa più semplice è fletterlo e lasciarlo asciugare sul piano di lavoro finché non sarà sufficientemente solido per maneggiarlo senza deformarlo. Lo incollerete poi al busto, dandogli l'angolazione desiderata.

LA BORSETTA

19 Fate una pallina con un pezzettino di pasta SFP color arancione chiaro. Appiattitela leggermente e tagliatene una parte per avere un bordo dritto. Con un taglierino incidete delle piccole croci sulla pasta. Per realizzare la patella di chiusura della borsa, fate un cordoncino di pasta e appiattitelo. Tagliate un'estremità della

lunghezza necessaria e fate un bordo dritto. Incollatelo sulla borsa con un po' di colla edibile. Rifinite creando la chiusura con una pallina di pasta rossa e mettete da parte ad asciugare.

L'ASSEMBLAGGIO E I TOCCHI FINALI

20 Modellate un rotolino di pasta SFP arancione per fare il manico della borsetta e mettetelo intorno al braccio sinistro, assicurandovi che sia nella posizione giusta rispetto al punto in cui fisserete poi la borsetta sulla gonna. Incollate la borsa alla gonna con un po' di pasta morbida e il manico alla borsetta con un po' di colla edibile.

21 Per realizzare i cinturini delle scarpe, modellate dei rotolini di pasta SFP arancione e incollateli sulle gambe, inclinandoli come mostrato nell'immagine di presentazione. Rifinite incollando delle palline di pasta a entrambe le estremità dei cinturini per fare le fibbie.

LA BASE IN POLISTIROLO

22 Ricoprite la base quadrata in polistirolo (dummy) con la pasta di zucchero bianca e lasciate asciugare. Incollate un nastro viola alla base fissandolo con un punto di ghiaccia reale.

23 Con uno spiedino in legno infilate la figura nella base in polistirolo, seguendo il consiglio dell'esperto a pag. 160.

24 Per trasportare il topper, seguite le istruzioni del progetto "Oggi sposi" (vedere pagg. 153–161). Quando sarete a destinazione, fissate il dummy in polistirolo sulla torta vera con un po' di ghiaccia reale, poi con lo spiedino in legno infilate la figura nel dummy (non è necessario incollarla perché lo stecchino manterrà la figura in posizione).
È importante utilizzare una base in polistirolo per tenere la figura ben eretta.

Il consiglio dell'esperto

Potete anche aggiungere altri accessori alla ragazza, come una collana di perle, un orologio oppure un anello. Se volete evitare di ritoccare la creazione una volta arrivata a destinazione, realizzate dettagli non troppo fragili, per evitare che si rompano durante il trasporto.

25 Prima di servire la torta, rimuovete la base in polistirolo insieme alla figura. Ricordate che la figura contiene dei supporti non edibili e pertanto non deve essere mangiata.

FIORI DI BISCOTTO

Fate dei biscotti a forma di fiore seguendo la ricetta desiderata (vedere i suggerimenti a pag. 16). Con la ghiaccia reale di consistenza soft-peak (vedere pag. 27) e un beccuccio n. 2, delineate il contorno dei fiori e poi riempite l'interno con la ghiaccia reale di consistenza run-out. Scegliete delle tonalità intonate alla creazione principale; per la torta Fashionista ho scelto le tonalità del viola, del fucsia e del giallo.

Le macchinine sono giochi molto diffusi tra i bambini quindi non ho potuto fare a meno di includere una dune buggy coloratissima per attirare la loro attenzione. Ho deciso di fare tantissimi dettagli, in modo tale che ciascuno possa decidere quanto tempo dedicare a questa creazione ed eventualmente semplificarla. Potrete adattare questo progetto alla vostra torta usando tutte le tecniche illustrate oppure solo alcune e seguendo come modello la macchinina preferita del bambino.

LA DUNE BUGGY

Occorrente

Una torta rettangolare di dimensioni
20 cm x 15 cm

Pasta di zucchero: 960 gr di bianco

SK Instant Mix Pastillage (preparato
per pastillage istantaneo Squires
Kitchen): 900 gr

SK Sugar Florist Paste (pasta
specifica per la realizzazione dei fiori
in zucchero SFP Squires Kitchen):
150 gr nero

SK Paste Food Colours (coloranti
alimentari in pasta Squires Kitchen):
Berberis (arancione), Cyclamen
(rosso ciclamino), Jet Black (nero),
Lilac (lilla), Poinsettia (rosso Natale),
Sunflower (giallo girasole), Sunny
Lime (verde acido)

SK Professional Liquid Food
Colour (coloranti alimentari liquidi
professionali Squires Kitchen):
Blackberry (mirtillo), Cyclamen (rosso
ciclamino)

SK Instant Mix Royal Icing (preparato
per ghiaccia reale istantanea Squires
Kitchen): 100 gr

Attrezzatura necessaria

Attrezzi base per la decorazione
(vedere pag. 6)

Un cake board quadrato (vassoio
argentato per torte, rigido), facoltativo,
per la presentazione/trasporto

Un cake card (vassoio in cartoncino)
rettangolare di dimensioni 20 cm x
15 cm

Una base rettangolare in polistirolo di
dimensioni 20 cm x 15 cm x 2cm

Spessori di 3 cm

Una pistola per sugarcraft

Nastro di altezza 15 mm; colore nero
(per il cake board di base, vedere
nota sotto il punto 1)

Modelli di riferimento (vedere
pagg. 184-187)

LA BASE

1 Colorate 300 gr di pasta di
zucchero bianca con una piccola
quantità di colore in pasta Lilac per
ottenere il lilla chiaro. Stendetela a uno
spessore di circa 3 mm e ricoprite il
cake board di base. Livellate la pasta
con lo smoother fino a ottenere una
superficie levigata ed eliminate poi
con un coltello affilato l'eccesso di
pasta che fuoriesce dai bordi. Bordate
la base con un nastro nero, utilizzando
una colla stick atossica, e lasciate
asciugare.

Nota: nonostante questa Dune
Buggy non sia stata fotografata
presentandola su una base, sarà
certamente più semplice presentarla e
anche trasportarla se la disporrete su
un cake board ricoperto.

LA BUGGY

Il telaio

2 Preparate il pastillage seguendo
le istruzioni sulla confezione,
poi stendetelo a uno spessore di
1 cm e ritagliate la forma del telaio
usando il modello fornito (vedere pag.
184). Stendete dell'altro pastillage a
uno spessore di 5 mm e ritagliate gli
assi delle ruote utilizzando il modello
di pag. 184. Lasciate asciugare
completamente le diverse parti su un
piano spolverizzato con amido di mais.

Il consiglio dell'esperto

Preparate in anticipo le diverse
componenti della Buggy per farle
asciugare in tempo.

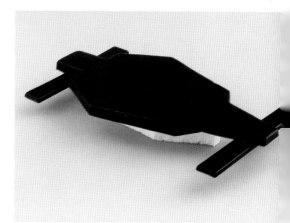

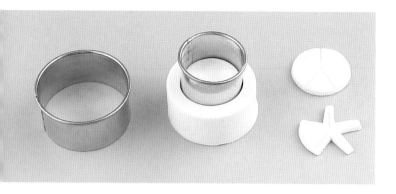

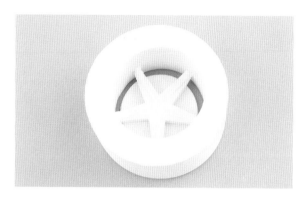

3 Da un pezzo di polistirolo alto 2 cm tagliate una forma a trapezio che sosterrà il peso della torta ed eviterà rotture durante il trasporto.

4 Quando tutte le componenti saranno asciutte, incollate gli assi delle ruote lungo il telaio, utilizzando della ghiaccia reale solo su un lato. Seguite i disegni del modello per vedere esattamente dove andranno posizionati gli assi. Fissate il pezzo di polistirolo a metà della base con un po' di ghiaccia

reale; lasciate asciugare la base e poi capovolgetela.

5 Dipingete completamente la base di nero con il colore liquido Blackberry oppure con il colore in pasta Jet Black diluito con qualche goccia di acqua bollita e lasciata raffreddare, utilizzando un pennello piatto medio. Lasciate asciugare il colore e spennellate o spruzzate uno strato di confectioner's glaze (lucidante alimentare) per evitare che il colore si

attacchi alle dita quando maneggiate la base.

Le ruote

6 Formate una pallina con 80 gr di pastillage e appiattitela leggermente con uno smoother fino a ottenere uno spessore di circa 3 cm, utilizzando ai lati gli spaziatori alti 3 cm per assicurarvi di ottenere uno spessore omogeneo. Spolverizzate con amido di mais un cutter tondo del diametro di 6,5 cm per non far attaccare la pasta e ritagliate poi la ruota. Con un cutter tondo del diametro di 4,5 cm, ritagliate la parte interna della ruota. Rimuovete il centro e lasciate asciugare la ruota su una superficie piana. Fate allo stesso modo anche le altre tre ruote.

7 Per fare i cerchi delle ruote, stendete il pastillage a uno spessore di 5 mm e ritagliate un

Il consiglio dell'esperto

Il pastillage è edibile ma asciugando indurisce molto e quindi non è molto piacevole da mangiare. Se desiderate una buggy più gradevole, potete sostituire la base in pastillage con una base in pan di zenzero, nella quale ritaglierete la forma del telaio e degli assi delle ruote. Incollate insieme i pezzi di pan di zenzero con un po' di ghiaccia reale. Per sorreggere l'intera struttura potete sostituire il polistirolo con altri pezzi di pan di zenzero, sollevando il telaio all'altezza desiderata. Cuocete l'impasto in modo che sia più sodo del solito per evitare che la struttura si possa rompere.

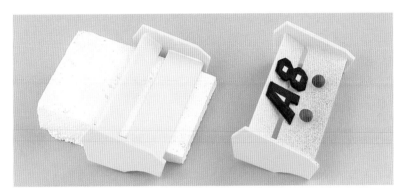

cerchio di 4,5 cm di diametro. Incidete cinque linee a raggiera con un coltello a lama liscia, poi ritagliate dei triangoli tra queste linee per ottenere la forma desiderata (come illustrato nei modelli). Realizzate un cerchio per volta per evitare che il pastillage si asciughi mentre lavorate (tenete quello che non vi serve in una busta di plastica sigillata). Lasciate asciugare completamente i quattro cerchi.

8   Per incollare i cerchi in posizione, stendete un pezzo di pastillage a uno spessore di 3 mm e ritagliate un tondo un po' più piccolo del cerchio interno della ruota. Posizionate questo

tondo sul fondo della ruota (aiuterà a tenere sollevati i raggi della ruota di qualche millimetro) poi mettete i raggi capovolti sul cerchio. Incollate ciascuna punta dei raggi nella parte interna della ruota con un punto di ghiaccia reale. Lasciate asciugare.

9   Per gli pneumatici, riempite con della ghiaccia reale di consistenza soft-peak un conetto di carta e tagliatene l'estremità. Fate dei puntini di ghiaccia sul lato esterno delle ruote per creare l'effetto del battistrada. Tracciate delle linee con la ghiaccia partendo dal punto di unione dei raggi verso i lati e poi lasciate asciugare.

10   Quando la ghiaccia sarà asciutta, dipingete le ruote con il colore liquido Blackberry o con il nero in pasta diluito con qualche goccia di acqua bollita e lasciata raffreddare.

11   Per finire la ruota, fate una pallina di pastillage color verde Sunny Lime e incollatela nel punto di unione dei raggi quando il colore è ancora fresco. Quando sarà asciutto, ripassate le ruote con il lucidante (confectioner's glaze).

Alettone posteriore

12   Colorate il pastillage rimanente con il colore in pasta giallo brillante Sunflower. Stendetelo a uno spessore di 3 mm e ritagliate tutte le parti dell'alettone, incluse le lettere della scritta, usando come guida i modelli forniti. Lasciate asciugare.

Il consiglio dell'esperto

Il cerchio di pasta terrà sollevati i raggi durante l'asciugatura. Se la misura dei raggi non si adatta perfettamente alla misura interna della ruota, passateli delicatamente con della carta vetrata se dovete ridurli, oppure utilizzate della ghiaccia reale se dovete riempire gli spazi.

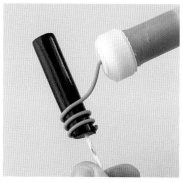

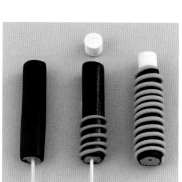

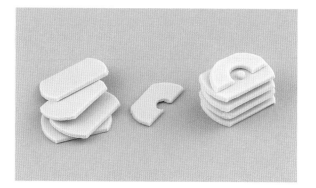

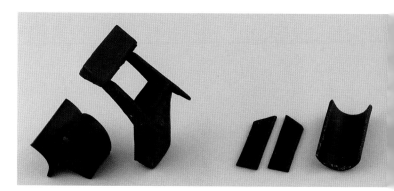

13 Quando le parti saranno asciutte, incollatele con della ghiaccia reale color giallo Sunflower. Per rendere più semplice questa operazione, mettete i pezzi 1 e 2 su un tassello in polistirolo che vi aiuterà a raggiungere l'altezza necessaria. Usate degli stecchini da cocktail per tenere in posizione le varie parti, evitando che durante la fase di asciugatura possano spostarsi o cadere. Lasciate asciugare.

14 Dipingete la lettera "A" e il numero "8" con un pennello sottile e il colore liquido rosso Cyclamen (oppure con il colore in pasta Cyclamen diluito con qualche goccia di acqua bollita e raffreddata), utilizzando il modello come guida (in alternativa, realizzate lettere e numeri con i font preferiti dal festeggiato). Fate due piccole semisfere con la pasta di zucchero color rosso Poinsettia per decorare l'alettone. Incollate la lettera, il numero e le semisfere sull'alettone con dei puntini di ghiaccia reale.

L'ammortizzatore

15 Con un po' di pasta SFP nera fate un lungo cilindro di 1 cm di spessore. Tagliate quattro segmenti lunghi 6 cm e inserite a un'estremità uno stecchino da cocktail unto con del grasso vegetale (Crisco). Infilzate questi cilindri in un pezzo di polistirolo per farli asciugare in verticale, evitando così che si appiattiscano su un lato.

16 Per le sospensioni, utilizzate una pistola da sugarcraft con un disco a foro tondo da 2 mm di diametro. Colorate di grigio chiaro 50 gr di pasta SFP bianca, aggiungete un po' di grasso vegetale (Crisco) e mettetela nella pistola da sugarcraft. Incollate con un po' di colla edibile un rotolino di pasta grigia su ciascun cilindro nero, facendolo girare a spirale. Fateli asciugare lasciandoli inseriti nel polistirolo. Per rifinirli, fate un cilindro con un po' di pasta SFP color verde Sunny

Il consiglio dell'esperto

Se non avete una pistola da sugarcraft, riempite con ghiaccia reale grigia di consistenza firm-peak un conetto di carta al quale avrete tagliato l'estremità per avere un foro da 2 mm. Tracciate una linea sottile attorno a ciascun cilindro, riproducendo il movimento a spirale delle molle delle sospensioni.

Per un modelling più veloce, potete realizzare la testata del motore in un unico pezzo, sui lati del quale inciderete poi le linee orizzontali con un coltello a lama liscia per rendere i dettagli necessari.

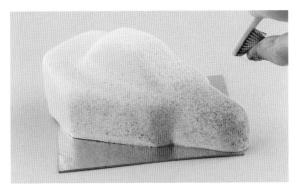
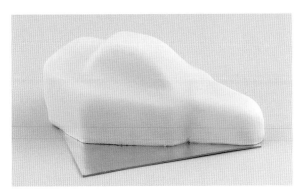
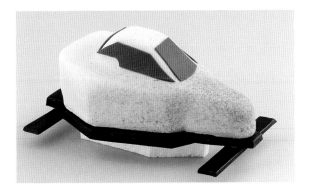

Lime e dividetelo in quattro pezzi di 1 cm ciascuno. Incollateli sulle estremità di ciascun ammortizzatore con una piccola quantità di colla edibile e lasciate asciugare.

La testata del motore

17 Stendete una sfoglia abbastanza sottile di pasta SFP color verde Sunny Lime e ritagliate i pezzi per il motore utilizzando i modelli di riferimento forniti. Lasciateli asciugare, impilateli e incollateli utilizzando delle palline di pasta ammorbidita in modo da tenere le parti separate. Mettete da parte ad asciugare.

L'alettone anteriore e posteriore

18 Stendete un po' di pasta SFP nera e ritagliate le parti per l'alettone anteriore e posteriore usando i modelli di riferimento forniti. Ritagliate

due pezzi usando il modello A, tirando la pasta a uno spessore di 3 mm, e lasciateli poi asciugare su un mattarello per mantenere la curvatura. Ritagliate due pezzi del modello E e due pezzi del modello D a uno spessore di 5 mm. Ritagliate il modello F a uno spessore di 1 cm, il modello B a uno spessore di 1,5 cm e il modello C a uno spessore di 3 cm.

19 Fate asciugare perfettamente tutte le parti prima di assemblarle. Incollate insieme i pezzi dell'alettone con alcuni punti di ghiaccia reale, seguendo le indicazioni sui modelli di riferimento.

LA TORTA

20 Per ricavare la forma della macchina dalla torta, fate un cartamodello del telaio un po' più piccolo di quello fornito e appoggiatelo sopra

una torta rettangolare. Tagliate i lati della torta con un coltello a lama seghettata seguendo il modello. Fate poi un taglio curvo perpendicolare dal retro alla sommità della torta, lasciando la parte posteriore più alta.

21 Per fare l'abitacolo, utilizzate i ritagli della torta per ricavare una forma a cuneo, come illustrato. Tagliate la torta in due strati, poi farcitela e rivestitela con crema al burro o ganache. Fissate la torta su una base rettangolare ritagliata come il telaio servendovi di un po' di crema di farcitura e fate riposare in frigorifero per un paio d'ore.

22 Stendete 500 gr di pasta di zucchero colorata con giallo Sunflower a uno spessore di 5 mm e ricoprite la torta, adagiandola sulla macchinina e lisciandola delicatamente con le mani per eliminare eventuali pieghe. Tagliate la pasta in eccesso alla base, utilizzando un coltello a lama liscia.

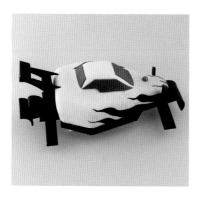

23 Con uno spazzolino da denti nuovo e il colore in pasta arancione Berberis diluito con qualche goccia di acqua bollita e raffreddata, spruzzate l'alettone anteriore (vedere pag. 47). Cercate di sfumare le gocce di colore verso la parte posteriore, creando un punto focale di colore sul davanti.

24 Per fare i finestrini laterali e il parabrezza, stendete un po' di pasta di zucchero color rosso Cyclamen e ritagliate le forme servendovi dei modelli. Incollate all'abitacolo i finestrini e il parabrezza con un po' di colla edibile. Utilizzate il modello del parabrezza anche per il finestrino posteriore e adattatelo poi in base alle dimensioni necessarie.

25 Dipingete delle fiamme sulla parte anteriore e sui lati della torta usando un pennellino sottile e del colore liquido Blackberry o del colore in pasta nero, diluito con qualche goccia di acqua bollita e raffreddata fino ad avere la consistenza dell'acquarello. Se non vi sentite abbastanza sicuri con la pittura, stendete una sfoglia sottile di pasta SFP nera e ritagliate le fiamme usando un cartamodello come riferimento. Incollate le fiamme alla buggy con

un po' di colla edibile. Ricordatevi di capovolgere il cartamodello quando ritagliate le fiamme del secondo lato della macchina per creare un disegno simmetrico.

L'ASSEMBLAGGIO E I TOCCHI FINALI

26 Incollate i pezzi degli alettoni anteriore e posteriore alla base in pastillage con qualche punto di ghiaccia reale di consistenza stiff-peak, utilizzando anche qualche pezzo di pasta SFP nera per dare sostegno (soprattutto per i pezzi D e A). Fissate alla torta il pezzo che sostiene l'alettone posteriore con un po' di ghiaccia stiff-peak o del pastillage morbido perché fornisca il supporto necessario. Lasciate asciugare.

27 Incollate la testata del motore proprio dietro l'abitacolo e incollate invece davanti una piccola semisfera di pasta di zucchero color rosso Poinsettia. Con la ghiaccia reale rossa Cyclamen scuro tracciate delle linee lungo i bordi dei finestrini per rifinirli meglio. Incollate il supporto in polistirolo della macchina al vassoio di base con un po' di ghiaccia reale.

28 Incollate le ruote alle estremità degli assi con un punto di ghiaccia reale, rimuovendo eventuali eccessi con un pennello pulito (per mostrare chiaramente questo passaggio nelle fotografie ho utilizzato della ghiaccia bianca, ma è preferibile usare ghiaccia colorata di nero per una finitura migliore).

29 Incollate gli ammortizzatori agli assi anteriori e posteriori con un po' di pasta di zucchero nera ammorbidita. Appoggiate gli ammortizzatori alla torta per darle sostegno ed evitare che possa spostarsi dalla base durante il trasporto. Incollate infine l'alettone al suo supporto con un po' di ghiaccia reale. Nonostante sia un soggetto abbastanza stabile da trasportare, potete anche incollare l'alettone una volta arrivati a destinazione.

30 Posizionate la torta sulla base ricoperta e fissatela con un po' di ghiaccia reale.

I biscotti Dune Buggy

Impilate tre biscotti e farciteli con una ganache al cioccolato o con crema al burro. Lisciate sui lati e lasciate riposare in frigorifero finché la farcitura non si sarà rassodata.

Rivestite la superficie con uno strato sottile di pasta di zucchero nera.

Fate i raggi come spiegato nel progetto principale e dipingeteli con il colore alimentare argento Squires Kitchen. Incollate i raggi sopra i biscotti, regolate le estremità se necessario e ricoprite poi l'esterno della "ruota" con una striscia di pasta di zucchero leggermente più alta dei biscotti. Fate dei puntini neri per simulare il battistrada e lasciate asciugare. Incollate al centro della ruota un piccolo cilindro di pasta di zucchero o di pasta SFP color giallo Sunflower, premete con un piccolo ball tool e completate la decorazione con un puntino di ghiaccia nera.

Una volta asciutte, potrete disporre le ruote attorno alla torta principale oppure potrete confezionarle singolarmente come dolcetto regalo.

In questo progetto ho cercato
di riportare in vita il ricordo
che ho di quando mia nonna,
mia sorella e mio fratello
facevano tutti insieme una
torta a casa della nonna, a
Maximo Paz. La torta veniva
preparata sotto la sua stretta
sorveglianza per cui non ci
potevamo proprio sbagliare
ed ogni volta il successo era
assicurato. Ricordo ancora
il profumo della torta alle
noci che cuoceva in forno
e che poi veniva farcita con
una ricca crema al burro e
ricoperta da una crema al
cioccolato. Mia mamma era
più interessata a mangiare
che ad aiutare!

NELLA CUCINA DELLA NONNA

Occorrente

Un torta a cupola di 11 cm di diametro e 9 cm di altezza, farcita e ricoperta con crema al burro (o altra farcitura a scelta)

Pasta di zucchero: 250 gr di bianco colorato con colore in pasta Terracotta, 350 gr di bianco colorato con colore in pasta Teddy Bear Brown (tonalità di marrone)

SK Instant Mix Pastillage (preparato per pastillage istantaneo Squires Kitchen): 200 gr colorato con Teddy Bear Brown chiaro, 50 gr bianco (non colorato)

SK Mexican Modelling Paste (pasta modellabile MMP Squires Kitchen): 80 gr color Cream Celebration (avorio), 150 gr Soft Beige (beige chiaro), 530 gr bianco

SK Paste Food Colours (coloranti alimentari in pasta Squires Kitchen): Berberis (arancione), Bulrush (marrone scuro), Dark Forest (verde scuro), Edelweiss (bianco), Hyacinth (blu giacinto), Jet Black (nero), Olive (verde oliva), Poppy (rosso papavero), Rose (rosa), Sunflower (giallo girasole), Teddy Bear Brown (marrone), Terracotta, Wisteria (glicine)

SK Designer Pastel Dust Food Colour (colorante alimentare pastello in polvere Squires Kitchen): Pastel Pink (rosa pastello)

SK Designer Metallic Lustre Dust Food Colour (colorante alimentare in polvere metallizzato Squires Kitchen): Copper (rame)

SK Professional Liquid Food Colours (coloranti alimentari liquidi professionali Squires Kitchen): Chestnut (marrone castagna), Holly/Ivy (verde agrifoglio), Hyacinth (blu giacinto), Poppy (rosso papavero), Rose (rosa), Sunflower (giallo girasole), Wisteria (glicine)

(oppure il colore in pasta delle stesse tonalità diluito con qualche goccia di acqua bollita e fatta raffreddare fino a ottenere la consistenza dell'acquarello)

Attrezzatura necessaria

Attrezzi base per la decorazione (vedere pag. 6)

Un cake drum/board quadrato (vassoio argentato per torte, rigido) di lato 28 cm

Un cake card (vassoio per torte in cartoncino) di diametro 10 cm

Uno stampo in polistirolo a semisfera del diametro di 5 cm

Nastro di altezza 15 mm: oro chiaro

Modelli di riferimento (vedere pag. 187)

LA BASE

1 Stendete 350 gr di pasta di zucchero color marrone Teddy Bear Brown a uno spessore di 3 mm e ricoprite il cake drum quadrato di base. Livellate la pasta con lo smoother fino a ottenere una superficie levigata ed eliminate poi con un coltello a lama liscia l'eccesso di pasta che fuoriesce dai bordi.

2 Con il bordo di un righello imprimete delle linee per simulare le fughe delle piastrelle. Per rendere più realistico il pavimento, utilizzate uno spazzolino per spruzzare un po' di marrone Chestnut liquido, diluito con qualche goccia di acqua bollita e raffreddata (vedere pag. 47). Rifinite poi questa base con un nastro oro chiaro incollato con colla stick atossica. Lasciate asciugare.

Il consiglio dell'esperto

Preparate in anticipo i pezzi in pastillage per il tavolo e la sedia, per dare tempo di asciugare.

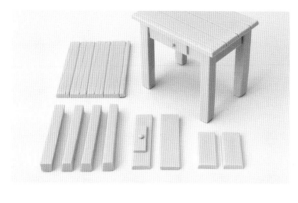
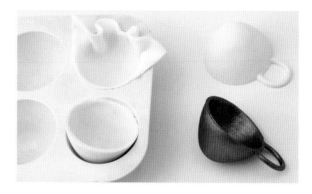
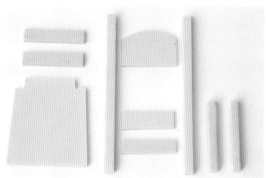
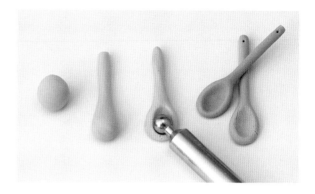

IL TAVOLO

3 Stendete un po' di pastillage color marrone chiaro Teddy Bear Brown nei diversi spessori necessari per ciascuna parte e ritagliate i vari pezzi utilizzando i modelli forniti. Ritagliate il piano del tavolo, due assi lunghe e due assi corte dello spessore di 5 mm. Ritagliate le quattro gambe del tavolo dello spessore di 1 cm e infine il cassetto dello spessore di 3 mm. Mentre lavorate il pastillage ricordate di conservare in una busta di plastica sigillata la parte che non serve, per evitare che si indurisca. Lasciate asciugare i pezzi su una superficie piatta spolverizzata con amido di mais.

LA SEDIA

4 Stendete del pastillage color marrone chiaro Teddy Bear Brown nei diversi spessori necessari per

ciascun pezzo e ritagliate le varie parti utilizzando i modelli forniti. Ritagliate la seduta e le quattro gambe della sedia da una sfoglia spessa 5 mm. Stendete una sfoglia spessa 3 mm e ritagliate due pezzi ciascuno per le assi frontali, per quelle laterali superiori e inferiori, e un pezzo per lo schienale. Fate asciugare tutti i pezzi.

LA CIOTOLA DI RAME

5 Stendete un pezzetto di pastillage in una sfoglia sottile e realizzate la forma di una ciotola utilizzando un portauovo oppure uno stampo di plastica precedentemente spolverizzato con amido di mais (io utilizzo il portauova di plastica del frigorifero). Cercate di eliminare le pieghe e tagliate la pasta in eccesso con un coltello affilato. Una volta asciutto, rimuovete il pezzo dallo stampo.

6 Per fare il manico, modellate un rotolino in pastillage e dategli una forma a 'u'. Incollatelo alla ciotola con un po' di colla edibile e lasciate asciugare. Dipingete quindi il tutto con il colore in polvere rame metallizzato, diluito con qualche goccia di liquore chiaro. Lasciate asciugare di nuovo.

IL CUCCHIAIO DI LEGNO

7 Con un pezzettino di pasta di zucchero marrone chiaro Teddy Bear Brown formate una pallina e allungatene una parte per formare il manico del cucchiaio. Premete poi con un piccolo ball tool nella parte arrotondata dando la forma del cucchiaio. Mettete da parte ad asciugare.

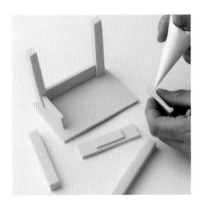

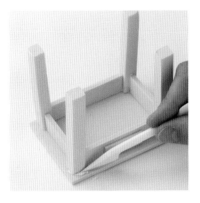

Il consiglio dell'esperto

Prima di incollare le varie parti in pastillage, fate una prova per vedere come vanno posizionati i diversi pezzi sotto il piano del tavolo. Incollate un pezzo per volta, rimuovendo la ghiaccia in eccesso con la punta di un attrezzo per il modelling e poi lasciate asciugare.

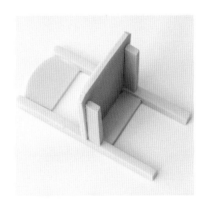

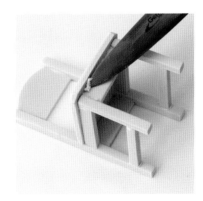

COME ASSEMBLARE E DIPINGERE IL TAVOLO E LA SEDIA

8 Quando tutti i pezzi del tavolo saranno asciutti, capovolgete il piano del tavolo e incollate le varie parti con un po' di ghiaccia reale utilizzando un conetto in carta forno.

9 Per assemblare la sedia, appoggiatela sullo schienale come illustrato in fotografia e incollate i pezzi con la ghiaccia reale, come già fatto per il tavolo. Pulite la ghiaccia in eccesso e lasciate asciugare.

10 Usate un pennello medio a setole piatte e il colore marrone Chestnut liquido (oppure in pasta, diluito con qualche goccia di acqua bollita e lasciata raffreddare fino a raggiungere la consistenza dell'acquarello). Applicate uno strato sottile di colore sul tavolo e sulla sedia e lasciate asciugare.

L'ALZATINA DELLA TORTA

11 Stendete una sfoglia abbastanza sottile di pastillage bianco e ritagliate un cerchio di 5 cm di diametro con un cutter tondo. Incidete un cerchio più interno usando il lato smussato di un cutter tondo e capovolgete la forma su una semisfera di polistirolo per modellare l'incavo del piatto dell'alzata. Lasciate asciugare.

12 Per il gambo dell'alzata, modellate un cono con un pezzo di pasta e tagliatene le estremità per formare una sorta di trapezio alto 1,5 cm. Incollate il gambo al centro del piatto dell'alzata e lasciate asciugare capovolto sullo stampo. Una volta asciutto, dipingete le decorazioni alla base con un pennello sottile e del colore liquido blu Hyacinth.

Il consiglio dell'esperto

Se preferite, potete usare un pennarello alimentare blu per decorare l'alzatina.

LA TORTINA

13 Stendete a uno spessore di 5 mm il pastillage color marrone chiaro Teddy Bear Brown rimasto e ritagliate tre cerchi del diametro di 3,5 cm usando un cutter tondo. Lasciate asciugare. Riempite con la ghiaccia reale color marrone scuro Bulrush un conetto al quale avrete tagliato una piccola punta e simulate la farcitura della torta, incollando i tre piani della tortina.

14 Colorate un po' di ghiaccia reale con il marrone liquido Chestnut. Glassate la tortina e lasciate colare sui lati un po' di ghiaccia per avere una copertura dall'effetto realistico. Rifinite la torta con una ciliegina, fatta con una pallina di pasta colorata con il rosso Poppy e incollatela alla torta mentre la glassa è ancora morbida. Lasciate asciugare.

IL NIPOTINO

Il corpo e le gambe

15 Realizzate i pantaloni modellando un cilindro di 1,5 cm di spessore con 30 gr di pasta MMP colorata di glicine (Wisteria); piegatelo a metà, formando le due gambe. Ripiegate ancora a metà sovrapponendo il cilindro piegato, per rendere la posizione delle gambe in ginocchio. Lasciate asciugare tutta la notte.

16 Per fare il busto, modellate un cono con 20 gr di pasta MMP colorata di blu Hyacinth, appiattitelo e incollatelo ai pantaloni con un po' di colla edibile. Tagliate una striscia dello stesso colore e incollatela alla base del busto per fare il bordo del maglione. Rifinitela incidendo dei piccoli segni con un attrezzo da modelling.

17 Modellate il collo del bambino facendo un rotolino di pasta MMP Soft Beige e incollatelo sopra il busto. Infilate uno stecchino da cocktail nel collo e nel busto, lasciando fuoriuscire un pezzo di stecchino che servirà poi a sostenere la testa.

18 Per le scarpe, fate un rotolino di pasta MMP colorata di marrone scuro Bulrush e dividetelo a metà. Modellate ciascuna metà a forma di pera e incollate entrambe le scarpe con un po' di colla edibile. Lasciate asciugare.

La testa

19 Fate una pallina con 30 gr di pasta MMP color Soft Beige. Incidete il sorriso con un piccolo cutter tondo nella metà inferiore del viso. Con la punta di uno stecchino fate le fossette alle estremità della bocca. Premete un piccolo ball tool sopra la linea della bocca, creando lo spazio in cui incollerete poi la lingua che si sta leccando le labbra.

20 Con la punta di uno stecchino segnate la posizione degli occhi sulla linea immaginaria a metà del viso. Riempite i fori con un po' di ghiaccia reale colorata di nero e quando questa sarà asciutta dipingete due puntini con il colore in pasta bianco Edelweiss, per dare espressività agli occhi.

Il consiglio dell'esperto

Cercate di non usare troppa ghiaccia per fare gli occhi, altrimenti il vostro personaggio avrà gli occhi sporgenti e un aspetto un po' strano! Cercate di mantenervi al livello del viso. Un'alternativa più veloce è quella di utilizzare un pennarello alimentare nero per disegnare gli occhi.

21 Segnate la posizione delle orecchie ai lati della testa con due forellini. Modellate due piccole gocce di pasta e incollatele nei fori con un po' di colla edibile. Premete con un piccolo ball toll per dar forma a ogni orecchio. Con un altro pezzettino di

pasta modellate un piccolo ovale per il naso e incollatelo sotto gli occhi in mezzo alla faccia. Spennellate le guance con il colore in polvere rosa Pastel Pink.

22 Fate una piccola goccia con un pezzettino di pasta di zucchero color Terracotta e incollatela sulla bocca con una goccia di colla edibile. Con un pennello sottile e un po' di colore liquido marrone Chestnut, dipingete le sopracciglia. Lasciate asciugare la testa.

23 Colorate un po' di pasta MMP con il marrone Bulrush e un tocco di arancione in pasta Berberis e fate i capelli, dandogli una forma a goccia. Incollateli dietro la testa con un po' di colla edibile, spingendo i capelli fino alla fronte e dietro le orecchie. Fate alcune incisioni con il retro della lama di un coltello oppure con un modelling tool per simulare le ciocche. Lasciate la testa

su uno stecchino da cocktail infilato in un pezzo di polistirolo.

24 Prima di realizzare le maniche, fissate il ragazzino alla sedia con un po' di ghiaccia reale. Mettete il tavolo davanti al bambino all'altezza dello stomaco per farvi un'idea di come posizionare poi le braccia.

Le braccia e le mani

25 Fate un cilindro con un po' di pasta MMP colorata di blu Hycinth e dividetelo a metà. Assottigliate leggermente una estremità di ciascun cilindro e premete un piccolo ball tool nelle due estremità più ampie per creare lo spazio in cui verranno inserite le mani. Fate una leggera incisione a metà delle maniche e piegatele entrambe ad angolo retto. Incollate le maniche al busto nella posizione mostrata, utilizzando un po' di colla edibile.

Il consiglio dell'esperto

Non incollate le maniche al tavolo se dovete ancora muovere o sistemare gli oggetti sul piano. Il tavolo farà da supporto alle braccia finché non asciugheranno nella giusta posizione.

26 Fate un rotolino con un pezzetto di pasta MMP Soft Beige e dividetelo a metà. Modellate ciascun pezzo allungando un'estremità a collo di bottiglia e lasciando un pezzettino di pasta all'altra estremità per realizzare la mano. Appiattite le mani e tagliate una punta a 'v' con un paio di forbicine per realizzare il pollice. Tagliate la pasta in eccesso a livello dei polsi e inserite le mani nelle maniche, incollandole nella posizione desiderata.

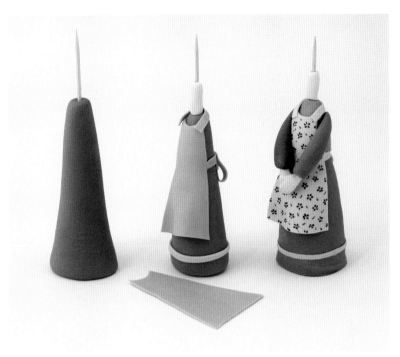

27 Infilate la testa nello stecchino da cocktail che fuoriesce dal collo e datele la posizione desiderata. Completate con una frangia fatta con la stessa pasta che avete usato per i capelli.

Il consiglio dell'esperto

Tutti gli elementi di questa scena interagiscono tra loro e per questo motivo di solito incollo la testa del ragazzo dopo aver posizionato tutti gli altri oggetti sul tavolo. Solo dopo aver fatto questo, infatti, capisco come posizionare la testa e in quale direzione far guardare il mio personaggio. Per incollare la testa al collo utilizzate un pezzettino di pasta ammorbidita.

LA NIPOTINA

Il corpo

28 Per il vestitino lungo della ragazzina, modellate un cono alto 9,5 cm con 60–70 gr di pasta MMP colorata con verde scuro Dark Forest. Fate un piccolo cilindro con un po' di pasta MMP Soft Beige per realizzare il collo e incollatelo sopra il cono. Infilate uno stecchino da cocktail nel collo e nel corpo e lasciate asciugare il cono sulla sua base.

29 Stendete una sfoglia sottile di pasta MMP color glicine chiaro Wisteria e ritagliate una forma a trapezio allungato per fare il grembiule. Incollatelo quindi nella parte anteriore del cono e utilizzate delle striscioline di pasta per fare i lacci del grembiule, in vita e dietro il collo. Decorate la base del cono con una striscia di pasta MMP color verde Olive. Con un pennellino sottile e i colori liquidi verde Holly/Ivy e glicine Wisteria,

decorate il grembiule dipingendo dei fiorellini e delle foglie.

30 Fate le maniche con la pasta MMP color verde Dark Forest, come già spiegato per il nipotino. Con un po' di colla edibile, fissate le braccia alle spalle e posizionatele davanti al corpo, come mostrato.

31 Modellate le mani come spiegato per il nipotino e incollatele alle maniche con un po' di colla edibile, posizionando una mano sull'altra.

La testa

32 Con 30 gr di pasta MMP color Soft Beige, modellate una forma a goccia arrotondata. Incidete il sorriso e le fossette come spiegato per il ragazzino. Aprite la bocca premendo con un piccolo ball tool appena sotto il semicerchio del sorriso. Formate una pallina con un pezzettino di pasta MMP

color Terracotta e mettetela nella bocca per dare profondità. Fate un rotolino di pasta MMP bianca e incollatelo nella parte superiore della bocca per fare i denti.

33 Completate il viso con gli altri dettagli, come già fatto per il nipotino. Fate gli orecchini con due puntini di ghiaccia reale bianca.

34 Realizzate i capelli con un po' di pasta MMP colorata con marrone Bulrush e un tocco di rosso Poppy e incollate i capelli alla testa come spiegato per il nipotino. Infilate la testa sullo stecchino che fuoriesce dal corpo, tenendola leggermente inclinata da un lato. Per l'acconciatura, modellate un pezzetto della stessa pasta a forma di goccia, incidete delle linee e incollatelo dietro la testa con un po' di colla edibile. Completate aggiungendo qualche ciuffetto sciolto di capelli fatto con dei rotolini di pasta e fissate la testa con un po' di colla edibile.

LA NONNA

Il corpo

35 Su un piano di lavoro spolverizzato con zucchero a velo, stendete 250 gr di pasta di zucchero color Terracotta a uno spessore di 5 mm. Coprite con cura la torta a cupola e lisciatela con il palmo delle mani, facendo aderire bene la pasta ai lati della torta. Con un coltello affilato eliminate poi l'eccesso di pasta intorno alla base. Livellate la pasta con lo smoother fino a ottenere una superficie levigata.

36 Per la parte superiore del busto, modellate una palla con 60 gr di pasta MMP rosso Poppy. Incollatela sopra la gonna con un po' di colla edibile e premetela delicatamente. Inserite nel busto uno spiedino di legno che servirà poi a sostenere la testa e mettetelo da parte.

37 Stendete una sfoglia sottile di pasta MMP color Rose per il colletto e ritagliate un cerchio con un cutter tondo di diametro 3,5 cm. Ritagliate una punta a 'v' da un lato, poi incollate il colletto sul busto tenendo la parte sagomata sul davanti. Fate i bottoni con due palline di pasta MMP rosso Poppy e incollateli sulla parte anteriore del busto. Fate un buchino in ogni bottone con la punta di uno stecchino.

38 Stendete un po' di pasta MMP color giallo Sunflower a uno spessore di 3 mm e tagliate una forma a trapezio per il grembiule. Incollatelo sul vestito, appena sotto il busto, con un po' di colla edibile. Ritagliate i lacci del grembiule da una striscia larga 1 cm, che incollerete intorno alla vita. Dipingete il grembiule decorandolo con dei puntini, delle foglie e dei cerchietti a vostro gusto e utilizzando un pennellino sottile e i colori liquidi giallo Sunflower, Rose, rosso Poppy e verde Holly/Ivy.

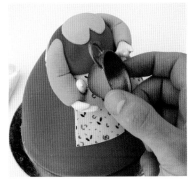

39 Realizzate le maniche modellando un cilindro di pasta MMP color Rose e dividetelo a metà. Assottigliate una delle estremità di ciascuna metà e premete un piccolo ball tool nell'estremità più ampia, creando lo spazio in cui successivamente verranno inserite le mani. Fate una leggera incisione a metà delle maniche e piegatele con l'angolazione necessaria. Incollate le maniche al busto, utilizzando un po' di colla edibile.

40 Fate un rotolino con un pezzetto di pasta MMP Soft Beige e dividetelo a metà per realizzare le mani. Modellate ciascun pezzo allungando un'estremità a collo di bottiglia e lasciando un pezzettino di pasta dall'altra estremità per creare la mano. Schiacciate leggermente le mani e ritagliate una forma a 'v' per creare il pollice. Fate tre incisioni per le dita.

41 Incollate le mani nelle maniche con un po' di colla edibile, poi incollate la ciotola di rame al braccio destro della nonna con un punto di ghiaccia reale e mettete un supporto per tenere la ciotola in posizione finché non si sarà asciugata. Rifinite il bordo del vestito con delle ondine di ghiaccia e dei puntini in ghiaccia reale color Terracotta chiaro.

La testa

42 Con 50 gr di pasta MMP color Soft Beige, modellate un ovale. Incidete il sorriso come spiegato prima poi aprite la bocca premendo la punta ricurva di un Dresden tool o un piccolo ball toll appena sotto il sorriso.

43 Con la punta di uno stecchino, fate i fori degli occhi lungo la linea immaginaria in mezzo al viso. Usate la punta ricurva di un Dresden tool per creare le borse sotto gli occhi.

44 Fate il naso con un piccolo ovale di pasta e incollatelo proprio sotto gli occhi in mezzo al viso. Realizzate le narici con la punta del manico di un pennello.

45 Utilizzate la punta ricurva di un Dresden tool o la punta del manico di un pennello per segnare le guance, tracciando delle linee curve dai lati del naso fino alla bocca. Fate anche qualche segno per le rughe di espressione del sorriso e della fronte.

46 Segnate la posizione delle orecchie ai lati della testa con due forellini, seguendo la linea degli occhi, poi modellate due piccole gocce di pasta e incollatele nei fori con un po' di colla edibile. Premete con un piccolo ball toll per dar forma a ogni orecchio.

47 Formate una pallina con un pezzettino di pasta color Terracotta e mettetela nella bocca per

dare profondità. Fate un rotolino di pasta MMP bianca e incollatelo nella parte superiore della bocca per fare i denti. Spennellate le guance con il colore in polvere rosa Pastel Pink.

48 Riempite i fori degli occhi con un po' di ghiaccia reale colorata di nero e quando questa sarà asciutta dipingete due puntini con il colore in pasta bianco Edelweiss, per dare espressività agli occhi. Dipingete le sopracciglia e la zona sotto gli occhi con un pennellino e del colore liquido marrone Chestnut. Lasciate asciugare la testa.

49 Fate i capelli dietro la testa con della pasta MMP color Cream Celebration come già spiegato per le altre figure. Posizionate la testa sul collo, leggermente inclinata da un lato. Fate lo chignon con un rotolino di pasta MMP e imprimete delle linee con il retro della lama di un coltello.

Arrotolatelo in un nodo e incollatelo sulla testa con un po' di colla edibile. Realizzate qualche ciocca di capelli con dell'altra pasta e gli orecchini con della ghiaccia reale bianca.

50 Completate con un po' di ghiaccia reale color Teddy Bear Brown nella ciotola e attaccate il cucchiaio di legno in posizione mentre la ghiaccia è ancora fresca.

Il consiglio dell'esperto

Se avete bisogno di una torta che possa servire un maggior numero di ospiti, presentate l'intera scena su una torta quadrata anziché su un cake board.

ASSEMBLAGGIO

51 Posizionate e incollate il tavolo al vassoio mettendo delle palline di pastillage ammorbidito sotto ogni gamba del tavolo. Incollate le braccia del nipotino al piano del tavolo. Disponete gli altri oggetti sul tavolo e incollateli. Fissate la nonna vicino all'angolo del tavolo e posizionate dall'altra parte la nipotina, che guarda la torta sul tavolo. Incollate tutti i pezzi al vassoio di base per assicurare stabilità durante il trasporto.

ALFAJORES

"Alfajor" è il nome usato in Argentina per indicare questi dolci fatti con due biscotti tondi farciti con una mousse o crema al dulche de leche (una specie di toffee denso al caramello) e ricoperti di cioccolato fondente o bianco.

Per fare questi dolcetti, unite due biscotti tondi alla vaniglia o al cioccolato con una ganache al cioccolato o con crema al burro. Se volete seguire la tradizione argentina, potete usare il dulce del leche. Lasciate rassodare la farcitura in frigorifero

per qualche minuto. Ricopriteli poi con cioccolato fondente temperato, tenendoli con una forchetta. Mettete i biscotti su una teglia rivestita con carta forno e lasciate solidificare la copertura.

Mettete una ciliegina in marzapane su ogni dolcetto mentre il cioccolato è ancora morbido. Lo ho utilizzato un vero picciolo di ciliegia per rifinire le mie ciliegine in marzapane, ma ricordate che queste parti devono essere rimosse prima di mangiare i biscotti.

In origine questo progetto doveva includere anche un ciclista, ma quando ho cominciato a lavorare su questa vecchia bicicletta e sul lampione, ho pensato che questi due oggetti fossero sufficienti a raccontare la storia. Non mi è sembrato necessario aggiungere altre figure e, data l'epoca, ho pensato di realizzare il tutto in una scala di grigi. Questa bicicletta non è così fragile come sembra, per cui non abbiate paura a realizzarla!

IL VELOCIPEDE, UNA BICICLETTA D'ALTRI TEMPI

Occorrente

Una torta, farcita e ricoperta, del diametro di 20 cm (vedere pagg. 32–34)

Pasta di zucchero: 1 kg di grigio chiaro

SK Sugar Florist Paste (pasta specifica per la realizzazione dei fiori in zucchero SFP Squires Kitchen): 150 gr di nero, 100 gr di grigio chiaro (mix di bianco e nero), 50 gr di bianco

SK Designer Metallic Lustre Dust Food Colour (coloranti alimentari in polvere metallizzati Squires Kitchen): Silver (argento)

SK Liquid Food Colour (coloranti alimentari liquidi Squires Kitchen): nero

SK Paste Food Colour (coloranti alimentari in pasta Squires Kitchen): nero

SK Instant Mix Royal Icing (preparato per ghiaccia reale istantanea Squires Kitchen): 50 gr

Attrezzatura necessaria

Attrezzi base per la decorazione (vedere pag. 6)

Un cake drum/board (vassoio argentato per torte, rigido) di 25 cm di diametro

Un cake card (vassoio per torte in cartoncino) di 20 cm di diametro

26-gauge floral wires, fili metallici per fiori di spessore 26: colore nero (o qualsiasi altro colore se il nero non fosse disponibile)

Mattarello decorativo a effetto bolle

Beccuccio n. 2

Nastro di altezza 15 mm: colore nero

Colla vinilica atossica

Modelli di riferimento (vedere pag. 188)

1   Per fare i raggi delle ruote, tagliate il filo metallico per fiori (spessore 26) in segmenti delle seguenti dimensioni: due pezzi lunghi 9 cm e dodici pezzi lunghi 4,5 cm, per la ruota grande; due pezzi lunghi 4 cm e dodici pezzi lunghi 2 cm per la ruota piccola.

Nota importante

Per i raggi delle ruote ho dovuto utilizzare dei fili metallici per fiori (quindi non edibili) perché è l'unico modo per rendere così realistica la bicicletta e anche perché rinforzano l'intera struttura. Avvisate sempre il destinatario dell'utilizzo dei fili metallici nei vostri modelli e assicuratevi che ogni pezzo che li contiene venga rimosso prima di servire la torta. Non inserite mai i fili metallici direttamente nella torta o nelle parti che devono essere mangiate.

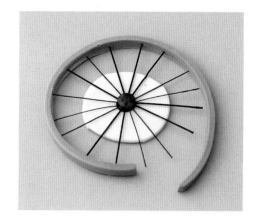

2   Costruite la struttura delle ruote su un foglio di plastica o di acetato sottile in modo tale da poterla rimuovere facilmente quando la colla sarà asciutta. Incollate perpendicolarmente tra loro i due raggi più lunghi con una goccia di colla atossica al centro. Incollate gli altri raggi mettendone tre per ogni quadrante, intingendo nella colla un'estremità di ogni raggio e sistemandoli in posizione, in modo tale che ciascun raggio tocchi il centro.

3   Una volta completate le strutture con i raggi delle due ruote, lasciate asciugare la colla, poi mettete un po' di ghiaccia reale in un conetto di carta forno, tagliatene l'estremità e

IL VELOCIPEDE, UNA BICICLETTA D'ALTRI TEMPI

fate un punto al centro di ogni ruota per nascondere la colla e rinforzare l'intera struttura. Lasciate asciugare.

4 Quando anche la ghiaccia sarà completamente asciutta, rimuovete le ruote dal foglio di plastica. Dipingete il centro (e se necessario anche i fili metallici per fiori) con il colore liquido nero e lasciate asciugare.

Il consiglio dell'esperto

A questo punto non fatevi prendere dalla tentazione di coprire con la ghiaccia reale il centro della ruota anche dall'altra parte, perché lo strato di ghiaccia terrebbe la ruota sollevata e la renderebbe instabile durante l'assemblaggio delle parti della bicicletta su una superficie piana. Lavorate prima solo su un lato della bicicletta e poi, una volta perfettamente asciutto, potrete girarlo e completare anche il secondo lato.

I CERCHI

5 Tenete sollevati i raggi di un paio di millimetri dalla superficie di lavoro per poter costruire la ruota. Stendete una sfoglia di pasta sottile e ritagliate un cerchio più piccolo rispetto alla dimensione di ciascuna ruota. Spingete delicatamente i raggi nella pasta per tenerli in posizione e per raggiungere l'altezza desiderata. Metteteli da parte.

6 Per realizzare i cerchi, stendete un po' di pasta SFP color grigio chiaro a uno spessore di circa 3–4 mm e ritagliatene una striscia larga 5 mm. Appoggiate la striscia su un lato e fatela girare intorno alla struttura dei raggi. Spingete delicatamente la striscia di pasta nei raggi man mano che la arrotolate. Per una finitura perfetta eliminate la pasta in eccesso nel punto in cui combaciano le due estremità.

7 Per ottenere un cerchio perfetto, mettete ogni ruota in un cutter tondo della stessa dimensione e spingete delicatamente la striscia di pasta verso i lati del cutter: questo consentirà di tenere la forma. Rimuovete poi il cutter e lasciate asciugare.

IL TELAIO PRINCIPALE

8 Tagliate una striscia di pasta SFP grigia dello spessore di 3 mm e della larghezza di 5 mm. Piegate un'estremità della striscia e tagliatela a misura utilizzando il modello di riferimento fornito. Mettete da parte e fate asciugare.

9 Realizzate quattro strisce di pasta SFP strette e sottili: tagliatene due

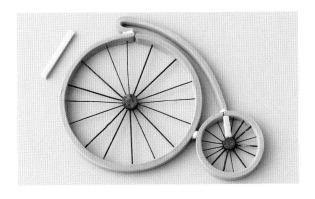

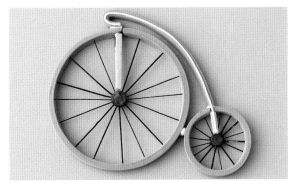

della lunghezza di 4,5 cm e due della lunghezza di 2 cm. Fatele asciugare un po' e poi regolatele in modo che la loro lunghezza vada perfettamente dal mozzo centrale fino alla gomma: rappresenteranno le forcelle, che fanno parte del telaio. Mettetele da parte e fatele asciugare completamente.

IL MANUBRIO

10 Fate un cilindro sottile con un po' di pasta SFP grigia e tagliatelo a una lunghezza di 5 cm. Curvate leggermente il cilindro e lasciatelo asciugare. Per realizzare il supporto del manubrio, tagliate un quadratino di pasta SFP e incollatelo a metà del manubrio, come mostrato in foto.

LA SELLA

11 Stendete un po' di pasta SFP grigia a uno spessore di 5 mm e ritagliatela a forma di trapezio, seguendo il modello come guida. Curvate leggermente la sella e inserite un pezzettino di filo metallico per fiori arricciato nel lato più largo della sella. Mettetela da parte ad asciugare appoggiandola su un lato.

L'ASSEMBLAGGIO

12 Incollate le diverse parti della bicicletta con un po' di ghiaccia reale di consistenza soft-peak, messa in un conetto di carta forno. Incollate insieme le due ruote con un punto di ghiaccia su

un lato; incollate poi il telaio principale sopra le ruote in corrispondenza del punto di congiunzione, come illustrato. Rimuovete eventuali eccessi di ghiaccia con un pennellino.

13 Incollate sui raggi le forcelle già preparate, come illustrato. Quando saranno in posizione, tracciate una linea di ghiaccia reale sul lato del telaio principale e sulle forcelle, per unire l'intera struttura e renderla solida. Lasciate asciugare perfettamente questo lato della bicicletta, poi giratelo e fate la stessa cosa sull'altro lato. Lasciate asciugare di nuovo.

14 Usate degli spiedini in legno per tenere in piedi la bicicletta su un pezzo di polistirolo. Realizzate il sottosella con un tassello a cuneo in

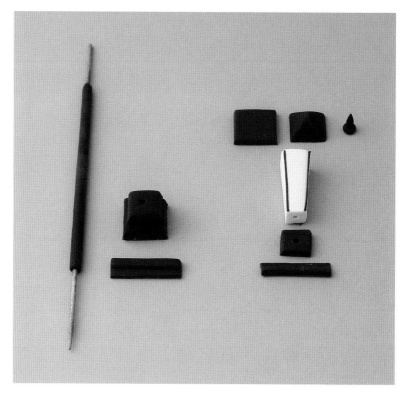

pasta SFP grigia e usate un po' di colla edibile per incollarlo sul telaio principale nel punto in cui andrà posizionata la sella. Incollate poi la sella su questo cuneo con una goccia di ghiaccia reale.

15 Incollate il manubrio davanti alla sella con una goccia di ghiaccia reale, rimuovendone l'eccesso con un pennello pulito. Completate con dettagli di ghiaccia reale sulle estremità del manubrio.

16 Quando la bicicletta sarà asciutta, dipingetela con il colore liquido nero e lasciate asciugare di nuovo.

17 Con il colore in polvere argento metallizzato, diluito con qualche goccia di liquore chiaro, aggiungete alcuni dettagli alla bicicletta, dipingendo i freni sul manubrio, i profili delle ruote e le linee di ghiaccia sui lati della bicicletta. Mettete da parte e fate asciugare.

Il consiglio dell'esperto

Con lo stesso metodo potrete fare anche altri tipi di bicicletta, seguendo i gusti del festeggiato: si tratterà semplicemente di adeguare le dimensioni delle ruote e il colore.

IL LAMPIONE

Il palo

18 Fate una pallina con un po' di pasta SFP nera e infilatela in uno spiedino di legno spennellato con un po' di colla edibile. Fate rotolare la pasta e lo spiedino sulla superficie di lavoro per allungare la pasta e coprire lo spiedino (per 15 cm). Rimuovete la pasta in eccesso dalle estremità dello spiedino e inserite il palo in un pezzo di polistirolo per farlo asciugare in posizione verticale.

La base

19 Stendete un po' di SFP nera a uno spessore di 1 cm e ritagliate due quadrati, uno di 3 cm di lato e l'altro di 2 cm di lato. Incollate il quadratino più piccolo su quello più grande con un po' di colla edibile. Inserite uno stecchino in mezzo ai quadrati per creare il foro in cui verrà poi inserito il palo. Lasciate asciugare.

20 Posizionate la base del lampione su un pezzo di polistirolo e infilatevi il palo fissando il tutto nel polistirolo. Stendete una sfoglia sottile, ritagliate una striscia e incollatela sulla base del lampione, all'estremità inferiore del palo, con un po' di colla edibile. Lasciate asciugare.

La lampada

21 Stendete un po' di pasta SFP bianca a uno spessore

di 2 cm e premete poi leggermente su un lato con uno smoother, dando una leggera angolazione. Ritagliate la forma della lampada utilizzando il modello fornito, tenendo presente che la parte più stretta coincide con la base della lampada. Mettete da parte e fate asciugare. Fate un foro con uno stecchino nella base della lampada e tracciate dei bordi di ghiaccia reale nera sugli angoli della vostra lampada trapezoidale.

22 Stendete un po' di pasta SFP nera a uno spessore di 5 mm e ritagliate due quadrati per la base inferiore e superiore della lampada; usate la lampada stessa come riferimento per ritagliare i due quadrati e incollateli alla lampada con una piccola quantità di colla edibile. Infilate la lampada sullo stecchino che fuoriesce dal palo. Incollate una striscia di pasta SFP nera tra il palo e la base inferiore della lampada.

23 Per rifinire la parte superiore della lampada, fate una piccola piramide con un pezzettino di pasta SFP nera e incollatela sulla base quadrata superiore della lampada. Incollate poi anche una pallina e una forma a goccia per completare la lampada.

24 Quando il lampione sarà completamente asciutto, dipingetelo con il colore in polvere argento metallizzato diluito con liquore chiaro, come già fatto per la bicicletta.

LA TORTA E LA BASE

25 Stendete un po' di pasta di zucchero grigia della misura necessaria per rivestire il cake board di base, ricopritelo e create l'effetto dei ciottoli con un mattarello decorativo a

'bolle'. Tagliate poi l'eccesso di pasta che fuoriesce dai bordi e lasciate asciugare. Rifinite i bordi incollando un nastro nero con una colla stick atossica.

26 Rivestite la torta con pasta di zucchero grigia e posizionatela poi sulla base ricoperta, tenendola leggermente decentrata. Bordate la base della torta con il nastro nero.

27 Infilate il lampione con lo stecchino nella torta, fissandolo con un punto di ghiaccia reale. Appoggiate la bicicletta al lampione con l'inclinazione desiderata e usate dei ciottoli di pasta grigia per fissare la bicicletta sulla torta.

RUOTE DI BISCOTTO

Questi biscottini saranno dei dolcetti perfetti per accompagnare la torta. Preparate dei biscotti di 4 cm di diametro, seguendo la ricetta di pag. 16. Realizzate le gomme con un po' di pasta MMP nera tirata allo spessore di 4 mm e utilizzate due cutter tondi di dimensioni leggermente diverse per ritagliare un anello per ogni biscotto. Attaccate poi le gomme su ciascun biscotto con un po' di ghiaccia reale.

Con un po' di ghiaccia reale color grigio chiaro di consistenza run-out, riempite un conetto di carta e tagliatene l'estremità della dimensione di un beccuccio tondo n.2. Con la ghiaccia grigia riempite i biscotti all'interno dell'anello nero e lasciate asciugare. Disegnate delle linee sottili dal centro ai lati del biscotto con un pennarello alimentare nero, imitando i raggi della bicicletta. Decorate il centro della ruota con un punto di ghiaccia reale, lasciatela asciugare e dipingete poi il mozzo con il colore in polvere argento metallizzato. Lasciate asciugare i biscotti prima di confezionarli.

MOULIN ROUGE

Quando ho creato questo personaggio, l'ho chiamato Grace. È una figura deliziosamente morbida,
sempre femminile e aggraziata, e la sua posa teatrale e il sorriso smagliante sprizzano stile e glamour.
Per me Grace è la prova che la vera bellezza si manifesta in tutte le forme e dimensioni.

Occorrente

Una torta, farcita e ricoperta, del diametro di 20 cm e di altezza 6 cm (vedere pagg. 32–34)

Pasta di zucchero: 1,4 kg bianca colorata con i colori in pasta Cyclamen (rosso ciclamino) e Poinsettia (rosso Natale)

SK Mexican Modelling Paste (MMP – pasta modellabile Squires Kitchen): 600 gr Soft Beige (beige chiaro), 180 gr bianco

SK Paste Food Colours (coloranti alimentari in pasta Squires Kitchen): Cyclamen (rosso ciclamino), Edelweiss (bianco), Jet Black (nero), Fuchsia (fucsia), Poisettia (rosso Natale)

SK Professional Dust Food Colour (coloranti alimentari professionali in polvere Squires Kitchen): Cyclamen (rosso ciclamino)

SK Designer Pastel Dust Food Colour (coloranti alimentari pastello in polvere Squires Kitchen): Pale Peach (rosa pesca tenue)

SK Professional Liquid Food Colour (coloranti alimentari liquidi Squires Kitchen): Chestnut (marrone castagna)

SK Instant Mix Royal Icing (preparato per ghiaccia reale istantanea Squires Kitchen): 50 gr

SK CMC Gum – CMC Carbossimetilcellulosa sodica Squires Kitchen

Attrezzatura necessaria

Attrezzi base per la decorazione (vedere pag. 6)

Un cake drum/board (vassoio argentato per torte, rigido) di 25 cm di diametro

Un cake card (vassoio in cartoncino per torte) di 20 cm di diametro

Un dummy (base in polistirolo) cilindrico di diametro 5 cm e altezza 10 cm; il diametro può anche essere maggiore se non lo trovate di queste dimensioni

Nastro di altezza 15 mm: colore burgundy (vinaccia)

Modelli di riferimento (vedere pag. 188)

Il consiglio dell'esperto

Questo personaggio è completamente modellato con la pasta MMP Soft Beige. È importante utilizzare una pasta piuttosto consistente, per cui rendetela più resistente aggiungendo un pizzico di CMC prima di iniziare.

LA TORTA E LA BASE

1 Rivestite la torta con pasta di zucchero colorata di rosso intenso utilizzando i colori in pasta Cyclamen e rosso Poinsettia (vedere pag. 34). Mettetene un po' da parte. Colorate poi 200 gr di pasta di una tonalità vinaccia un po' più intensa, aggiungendo ancora del colore in pasta rosso Cyclamen e ricoprite con questa pasta il cake board di base (vedere pag. 37).

2 Disponete ora la torta al centro del cake board. Modellate un lungo cordoncino uniforme con una parte della pasta di zucchero conservata e fissatela intorno alla base della torta con un po' di colla edibile.

3 Rifinite il bordo del vassoio con un nastro color vinaccia (vedere pag. 37) e lasciate asciugare.

LE GAMBE GRASSOTTELLE

Il consiglio dell'esperto

Può essere difficile realizzare delle gambe realistiche quando si modella una figura. Qui spiego passo-passo come farle. Seguite le immagini e le indicazioni attentamente e con un po' di pratica e di pazienza otterrete delle splendide gambe femminili, tutte curve.

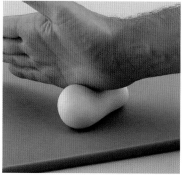

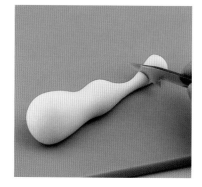

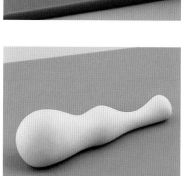

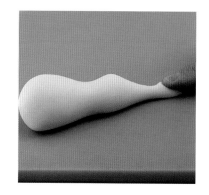

4 Realizzate un salsicciotto spesso con una palla di pasta modellabile MMP Soft Beige. Premetelo a metà tenendo la mano di taglio, facendolo contemporaneamente rotolare. Si creerà così l'incavo dietro il ginocchio.

5 Modellate il polpaccio per dar forma alla caviglia, lasciando un pezzo di pasta all'estremità per creare il piede. Con un taglierino eliminate la pasta in eccesso, riducendo eventualmente le dimensioni del piede. Spingete poi delicatamente con l'indice la pasta verso il polpaccio per creare il tallone e levigate la pianta del piede.

6 Tagliate ad angolo l'estremità del piede e spingete in fuori l'alluce. Date forma al piede, spingendo leggermente la punta verso il basso e rimodellando la caviglia, se necessario. Premete delicatamente il manico di un pennello a metà della gamba, per far uscire il ginocchio.

7 Ripetete i passaggi dal 4 al 6 per modellare la seconda gamba, poi inserite momentaneamente in ciascuna coscia, fino al ginocchio, uno spiedino in legno unto di grasso vegetale (tipo Crisco). Infilate le gambe su un pezzo di polistirolo tenendone una piegata e l'altra tesa e lasciate asciugare. Se necessario, sostenete la gamba piegata con uno stecchino finché non si sarà indurita a sufficienza per mantenere la forma. Far asciugare le gambe in questa posizione eviterà di appiattirne i lati. Quando entrambe le gambe saranno completamente asciutte, rimuovete gli stecchini.

IL CORPO

8 Preparate il supporto temporaneo per costruire l'intero corpo del personaggio: prendete un cilindro in polistirolo di scorta che abbia la stessa altezza della gamba tesa e fissatelo con uno stecchino a un dummy in polistirolo più grande, come illustrato.

9 Posizionate le gambe sul cilindro in polistirolo di scorta e inserite uno stecchino fissando la parte alta delle gambe al cilindro in polistirolo. Quando le gambe saranno nella posizione desiderata, incollate un pezzo di pasta tra di loro per creare il bacino: questo darà unità all'intera struttura.

Il consiglio dell'esperto

Questo metodo di asciugatura si adatta a questa figura poiché è necessario che le gambe siano tornite e non appiattite sui lati. Non significa però che dovete utilizzare questo metodo ogni volta che modellate un paio di gambe; dipende sempre dal tipo e dalla forma che devono avere. Se per esempio il personaggio è sdraiato su una superficie piatta, dovete far asciugare le gambe in quella posizione senza sostenerle con gli stecchini.

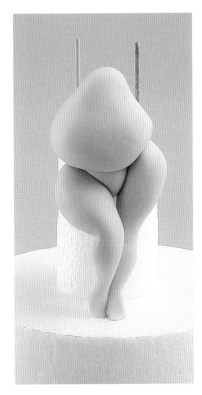
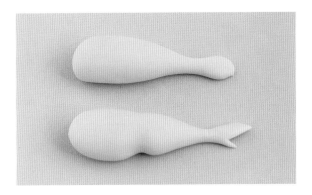
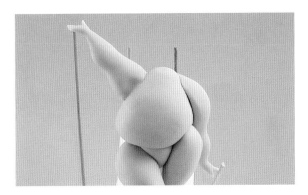

10 Realizzate il corpo modellando un po' di pasta MMP dandole una forma a pera e incollatela sopra le gambe con un po' di colla edibile. Mettete da parte e fate asciugare.

LE BRACCIA

11 Formate un salsicciotto spesso con la pasta Soft Beige e modellate un'estremità per creare il polso, lasciando un pezzettino di pasta per realizzare la mano. Appiattite la mano e ritagliate via una piccola punta a 'v' a un angolo dell'estremità arrotondata per formare il pollice. Regolate con un taglierino la parte rimanente formando un angolo. Non è necessario definire le altre dita perché indosserà i guanti.

12 Incollate le braccia ai lati del busto come mostrato in foto e passate i polpastrelli sulle spalle per uniformare il punto di giuntura con il torso. Sostenete il braccio destro con uno spiedino finché non sarà completamente asciutto.

LA TESTA

13 La testa e il cappello sono modellati in un unico pezzo di pasta. Con un po' di pasta modellabile MMP Soft Beige realizzate una forma a goccia con l'estremità appuntita, come illustrato. Infilate uno stecchino da cocktail nella parte appuntita della goccia per poi inserire l'acconciatura.

14 Con un piccolo cutter tondo incidete il sorriso nella metà inferiore della goccia e premete poi con un piccolo ball tool sotto la linea del sorriso, per aprire la bocca. Date forma agli angoli della bocca con la punta ricurva di un Dresden tool.

15 Fate una piccola mezzaluna con un pezzettino di pasta MMP color rosso ciclamino (Cyclamen) e usatela per dare profondità alla bocca. Con un rotolino di pasta MMP bianca con le estremità appuntite, realizzate i denti che incollerete nella parte superiore della bocca. Realizzate poi le labbra con due rotolini di pasta MMP color rosso Poinsettia lasciando le estremità appuntite e incollateli nella parte superiore e inferiore della bocca.

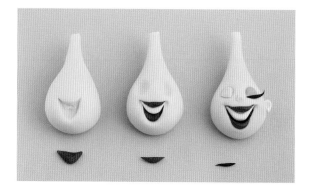

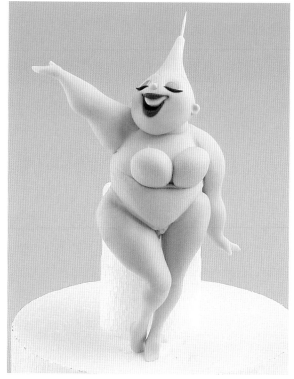

16 Formate le orbite oculari premendo con un ball tool lungo la metà del viso. Realizzate le palpebre con una pallina di pasta MMP Soft Beige, appiattita e tagliata a metà per creare due semisfere. Incollate ciascuna semisfera nelle orbite e usate un pennello per dipingere le palpebre con il colore in pasta Fuchsia mischiato con il bianco Edelweiss. Fate le ciglia con un rotolino di pasta MMP nera tagliato a metà: appuntite le estremità e incollate le ciglia sulla linea inferiore delle palpebre.

17 Modellate le orecchie partendo da un rotolino di pasta MMP Soft Beige, tagliandolo a metà. Modellate un ovale da ciascuna metà e incollate ai lati della testa, all'altezza della linea degli occhi. Premete con un piccolo ball tool all'interno delle orecchie per rendere la forma corretta.

18 Realizzate il naso modellando un pezzettino di pasta Soft Beige a forma di goccia e incollatelo nella parte centrale del viso con la parte arrotondata verso il basso. Pizzicate questa parte per modellare il naso "all'insù". Con un pennellino e il marrone liquido Chestnut, dipingete le sopracciglia; spennellate poi le guance con il colore in polvere rosa Pale Peach. Lasciate asciugare la testa.

COME FINIRE IL CORPO

19 A questo punto create la pancia aggiungendo un pezzo triangolare di pasta dalla giuntura delle cosce alla vita. Tagliate la pasta in eccesso e ripassate delicatamente il corpo con le dita per levigarlo. Fate il seno della donna con due sfere e incollatele sopra la vita con un po' di

colla edibile. Premetele leggermente nella parte inferiore per modellarle.

20 Realizzate il collo con un ovale di pasta MMP Soft Beige e incollatelo sopra il corpo. Appiattite leggermente l'ovale e infilate la testa nel collo con uno stecchino, nella posizione desiderata.

IL COSTUME DI SCENA

21 Per realizzare i contorni del costume e decorare la figura, fate dei rotolini di pasta MMP bianca e incollateli sotto la pancia, sul petto e sulla fronte per definire la fronte e il retro del copricapo. Incollate un altro rotolino a spirale attorno alla parte appuntita del capello e due rotolini sottili, uno su ogni avambraccio, per fare il bordo dei guanti. Incollate davanti a ogni orecchio

un ricciolo fatto con un rotolino di pasta bianca.

22 Per dare uniformità all'intero pezzo, stendete con un pennello medio un po' di ghiaccia reale bianca di consistenza soft-peak sulla superficie del costume, dei guanti e del copricapo. Punteggiate la superficie con lo stesso pennello, per ottenere un aspetto irregolare.

IL COPRICAPO

23 Con alcuni pezzettini di pasta MMP bianca, modellate dei rotolini con le estremità appuntite. Curvateli, formando delle volute, e lasciate asciugare per qualche istante. Per costruire il pennacchio di piume in cima al copricapo, infilate su uno stecchino uno di questi rotolini ricurvi e,

una volta asciutto, incollategli intorno anche le altre "piume" di diverse dimensioni, per aumentare il volume. Quando il pennacchio sarà asciutto, inseritelo nel copricapo e incollatelo con un punto di ghiaccia reale. Fate altre "piume" fresche per coprire l'attacco del pennacchio. Mettete da parte e fate asciugare.

IL PILASTRO DI SOSTEGNO E LE SCALE

24 Aggiungete un pizzico di CMC alla pasta di zucchero rimasta dalla copertura della torta e usatela per il pilastro in polistirolo e per le scale.

25 Coprite separatamente la base superiore e la superficie

laterale del dummy cilindrico. Stendete un po' di pasta di zucchero su un piano di lavoro spolverizzato con zucchero a velo. Spennellate la base superiore del cilindro con un po' di ghiaccia reale morbida o colla edibile e premete delicatamente sulla pasta. Tagliate la pasta in eccesso con un cutter o con un coltello affilato.

26 Per rivestire la superficie laterale del pilastro, ritagliate una striscia di pasta di zucchero della stessa altezza del cilindro. Spennellate la superficie della pasta con un po' di colla edibile, posizionate il cilindro su un'estremità della striscia e fatelo rotolare per coprire tutta la superficie laterale del cilindro. Tagliate la pasta in eccesso con un coltello affilato e mettete da parte ad asciugare.

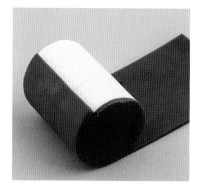

27 Per realizzare le scale, stendete la pasta di zucchero rimasta a uno spessore di 5 mm e ritagliate 3 cerchi utilizzando i modelli forniti. Impilate i tre cerchi, posizionandoli in maniera concentrica, e incollateli tra loro. Fissate queste scale su un cake card di 15 cm di diametro per evitare che il pezzo affondi nella torta con i dowel.

28 Fissate il pilastro sulle scale con una goccia di ghiaccia reale o di pasta ammorbidita. Lasciate asciugare completamente il supporto prima di posizionarvi la figura.

29 Rimuovete la figura dal supporto provvisorio in polistirolo e incollatela al pilastro definitivo con un po' di pasta SFP ammorbidita. Gli stecchini che fuoriescono dietro ogni coscia (vedere punto 9) serviranno a mantenere la figura in posizione una volta inseriti nel pilastro finale.

Nota: se utilizzate una sponge cake farcita con ganache al cioccolato o crema al burro, è consigliabile sostenere la torta con i dowel per evitare che la decorazione possa affondare nella torta. Troverete le indicazioni in merito a pag. 38 (se sceglierete invece una fruit cake non sarà necessario alcun sostegno). Posizionate la figura, completa di scale e pilastro di supporto, al centro della torta.

IL BOA DI PIUME

30 Realizzate un cordoncino con un po' di pasta MMP bianca e modellatelo passando sul braccio destro dietro la schiena, attorno al braccio sinistro e giù fino alla torta. Lasciate asciugare il boa nella posizione desiderata ma non incollatelo. Una volta asciutto, rimuovetelo dal corpo e decoratelo con ghiaccia reale rosa (colorata con il

colore in pasta Fuchsia), punteggiando con un pennello. Quando la ghiaccia sarà asciutta, sfumate il boa con il colore in polvere rosso Cyclamen e spennellatelo con il colore in pasta bianco Edelweiss per dare l'effetto delle piume. Rimettete il boa nella posizione definitiva e fissatelo con qualche punto di ghiaccia reale.

Il consiglio dell'esperto

Se dovete trasportare la torta, è meglio che la figura, il boa, il pilastro e le scale vengano trasportati tutti insieme, ma in una scatola separata dalla torta. La base (cake card) vi aiuterà a sollevare facilmente la vostra creazione ed eviterà anche che i dowel nella torta possano danneggiare la decorazione. Una volta arrivati a destinazione, appoggiate semplicemente la decorazione (completa di cake card) sulla torta.

CUPOLE DOLCI

Preparate questi dolcetti per i vostri ospiti
utilizzando la ricetta per le mini cake all'arancia
alle pagine 13–14. Cuoceteli in uno stampo
di silicone a piccole semisfere e ricoprite con
fondant liquido, colorato nelle tonalità usate nel
progetto principale. Ricoprite come spiegato
nella ricetta delle mini cake all'arancia e servite le
cupole in graziosi pirottini.

OGGI SPOSI

L'idea di mettere gli sposi sulla torta di nozze è diffusa da decenni e per questo Elio e io ci siamo veramente divertiti a creare per questa coppia uno stile contemporaneo. Abbiamo realizzato gli abiti ispirandoci ai modelli oggi in voga per gli sposi, ma voi potrete modificarli per adattarli ai festeggiati. Per questa coppia ho utilizzato la tecnica che chiamo del 'collage in 3D', un metodo perfetto per realizzare una figura con le corrette proporzioni: dovrete semplicemente seguire i modelli forniti per ricavare la lunghezza e le dimensioni necessarie per ciascun pezzo.

Occorrente

Una torta, farcita e ricoperta, del diametro di 20 cm (vedere pagg. 32–34)

Pasta di zucchero: 1,2 kg bianca

SK Mexican Modelling Paste (MMP – pasta modellabile Squires Kitchen): 200 gr Cream Celebration (avorio), 50 gr Soft Beige (beige chiaro), 200 gr bianco

SK Sugar Florist Paste (pasta specifica per la realizzazione dei fiori in zucchero SFP Squires Kitchen): 100 gr nero, 20 gr crema, 20 gr Cyclamen (rosso ciclamino), 20 gr bianco colorato con Fuchsia (fucsia) in pasta

SK Professional Paste Food Colours (coloranti alimentari professionali in pasta Squires Kitchen): Bulrush (marrone scuro), Edelweiss (bianco), Fuchsia (fucsia)

SK Designer Pastel Dust Food Colour (coloranti alimentari pastello in polvere Squires Kitchen): Pastel Pink (rosa pastello)

SK Professional Liquid Food Colours (coloranti alimentari professionali liquidi Squires Kitchen): Chestnut (marrone castagna), Poppy (rosso papavero)

SK Instant Mix Royal Icing (preparato per ghiaccia reale istantanea Squires Kitchen): 50 gr bianco

Attrezzatura necessaria

Attrezzi base per la decorazione (vedere pag. 6)

Un cake drum/board (vassoio argentato per torte, rigido) di 28 cm di diametro

Un dummy (base in polistirolo) di diametro 11 cm

Cutter per fiori piccoli (mughetto o simili)

Gomma piuma o spugna, adatti al contatto con alimenti

Nastri di altezza 15 mm e 25 mm: colore bianco

Nastro di altezza 7 mm: colore nero

Modelli di riferimento (vedere pag. 189)

La sposa

L'abito

1 Modellate una sfera liscia con 150 gr di pasta modellabile MMP color Cream Celebration e formate con questa un lungo cono, che appiattirete leggermente con il palmo della mano. Posizionate la forma sul modello e regolatela in base all'ampiezza desiderata del vestito. Rifilate la pasta in eccesso alle due estremità del cono, utilizzando un coltello affilato. Inserite uno spiedino di legno dalla base fino ai ¾ dell'abito.

Il consiglio dell'esperto

Ungete lo spiedino di legno con un po' di grasso vegetale (tipo Crisco) per renderne più semplice l'inserimento e la rimozione, quando necessari.

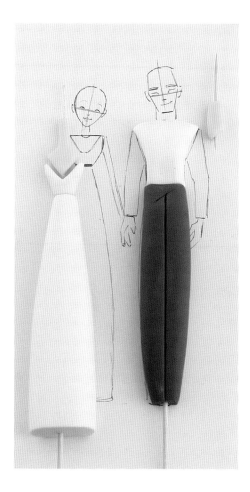

2 Realizzate il corpetto con 20 gr di pasta modellabile MMP color Cream Celebration, modellatela a goccia, arrotondatela e appiattitela. Tagliate la pasta in eccesso alle due estremità alle dimensioni desiderate. Cercate di adattare la base del corpetto allo spessore della gonna in modo tale che le due parti si possano unire perfettamente. Realizzate la scollatura tagliando una punta a 'v' nella pasta con un coltello affilato oppure con un cutter a goccia.

3 Per il petto e il collo, modellate una forma a bottiglia con un po' di pasta MMP color Soft Beige e appiattite la parte più stretta. Ritagliate una punta a 'v' che combaci con il taglio della scollatura. Incollate il petto e il collo al corpetto con un po' di colla edibile, poi inserite uno stecchino da cocktail nel collo e nel busto lasciandone fuoriuscire

Il consiglio dell'esperto

La forma della testa contribuisce a determinare l'espressione del personaggio. La forma della testa della sposa, a goccia arrotondata, le conferisce un aspetto giovane e carino. Per rendere personaggi meno delicati, realizzate una forma a goccia più appuntita e allungata.

una parte dal collo. Fate asciugare su una superficie piana.

La testa

4 Modellate la testa con 15 gr di pasta MMP color Soft Beige a forma di goccia arrotondata. Incidete il sorriso con un piccolo cutter tondo nella metà inferiore del viso. Realizzate un piccolo ovale per il naso con un pezzettino di pasta MMP Soft Beige e incollatelo sopra il sorriso.

5 Con un pennellino sottile e il marrone liquido Chestnut, dipingete due linee curve per gli occhi, appena sotto la metà del viso. Con lo stesso colore dipingete anche le sopracciglia sopra ciascun occhio. Dipingete due piccole palpebre con il marrone liquido Chestnut e un tocco di colore in pasta bianco Edelweiss. Dipingete le labbra con un pennellino e del colore liquido rosso Poppy.

6 Realizzate le orecchie con due pezzettini di pasta MMP Soft Beige modellati a forma di ovale e incollateli ai lati della testa, in corrispondenza della linea degli occhi. Fate pressione con un piccolo ball toll in ciascun orecchio, per dare la giusta forma. Spennellate le guance con il colore in polvere rosa Pastel Pink e lasciate asciugare.

7 Per i capelli, modellate a forma di goccia un po' di pasta MMP color marrone Bulrush e incollatela dietro la testa fino all'attaccatura dei capelli sopra la fronte con un po' di colla edibile. Praticate qualche incisione sulla pasta con uno stecchino per simulare le ciocche di capelli sul davanti. Inserite temporaneamente uno stecchino da cocktail nella testa e lasciate asciugare in posizione verticale finché i capelli sul retro della testa non saranno completamente asciutti.

8 Realizzate l'acconciatura raccolta con un pezzo di pasta MMP marrone Bulrush a forma di goccia, poi incollatela dietro e sulla parte superiore della testa, spingendo leggermente la pasta su un lato. Segnate le ciocche di capelli con uno stecchino da cocktail. Infilate la testa con uno spiedino di legno in un pezzo di polistirolo per lasciare asciugare i capelli senza appiattirne la parte posteriore.

9 Realizzate il cerchietto della sposa con un rotolino di pasta MMP color Cream Celebration con le estremità appuntite e incollatelo da un orecchio all'altro, sulla giuntura delle due parti che formano i capelli, con poca colla edibile.

Come assemblare il corpo

10 Quando l'abito sarà sufficientemente asciutto da poter essere maneggiato senza deformarlo, montatelo su un pezzo di

polistirolo con uno spiedino di legno. Incollate il corpetto alla gonna con un po' di pasta morbida e coprite la giuntura con una piccola striscia di pasta SFP nera, simulando la fascia in vita.

11 Per le braccia, realizzate un lungo cilindro sottile con un pezzo di pasta MMP color Soft Beige e modellatene un'estremità per creare il polso e la mano. Con un po' di colla edibile incollate il braccio destro sul lato del busto appoggiandolo davanti, sull'abito. Lasciate asciugare.

Il consiglio dell'esperto

Poiché la coppia si sta tenendo per mano, non realizzate il braccio sinistro finché lo sposo non sarà posizionato vicino alla sposa.

12 Realizzate ora i fiorellini per l'abito, stendendo una sfoglia sottile di pasta per fiori SFP color Cream su un piano di lavoro antiaderente, unto con un po' di grasso vegetale. Ritagliate dei fiorellini piccoli e medi con il cutter per il mughetto o simili. Disponete i fiori sulla spugna o sulla gommapiuma e premete con un piccolo ball tool su ogni petalo per fare la corolla. Capovolgete poi ogni fiore e premete al centro con un piccolo ball toll, quindi lasciate asciugare.

Il Bouquet

13 Stendete una sfoglia sottile di pasta SFP nei colori Fuchsia e rosso Cyclamen e ritagliate un po' di fiorellini. Utilizzate un ball tool di dimensioni medie per assottigliare i petali e dar forma ai fiori. Lasciateli asciugare tenendoli leggermente

piegati. Una volta asciutti, incollate i fiori con un po' di ghiaccia reale formando il bouquet nella mano destra della sposa, fissandolo all'abito.

14 Rifinite la decorazione dell'abito con fiorellini di color avorio di diverse dimensioni, incollati con puntini di ghiaccia reale bianca sulla parte destra, all'angolo della gonna. Incollate i fiorellini più piccoli in mezzo a quelli medi e decorate l'abito con piccoli pois di ghiaccia reale bianca tra i fiori, come illustrato. Rifinite la scollatura dell'abito con una linea di ghiaccia reale bianca.

15 Infilate la testa sullo stecchino che fuoriesce dal collo e fissatela con un punto di ghiaccia reale. Sostenetela con qualche spiedino nella posizione desiderata finché non sarà perfettamente asciutta.

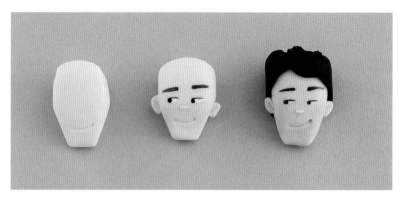

Lo sposo

Le gambe e il corpo

16 Realizzate i pantaloni con 80 gr di pasta MMP bianca mischiata a un pezzettino di pasta SFP nera per ottenere una tonalità di grigio: formate un cilindro con un'estremità più sottile e appiattitelo leggermente. Posizionate quindi il cilindro sul modello e tagliate a misura le due estremità. Usate il bordo di un righello per creare la linea di separazione delle gambe. Infilate uno spiedino di legno dalla base fino ai ²/₃ dei pantaloni.

17 Per il busto, modellate 30 gr di pasta di zucchero bianca stendendola dello stesso spessore dei pantaloni e ritagliate la forma seguendo il modello. Incollate il busto ai pantaloni e lasciate asciugare su una superficie piana.

18 Realizzate il collo con un cilindro di pasta MMP Soft Beige, seguendo il modello. Incollate il collo al busto con un po' di colla edibile, infilandolo in uno stecchino da cocktail e lasciandone fuoriuscire un pezzo. Lasciate asciugare l'intero corpo su una superficie piana.

La testa

19 Realizzate la testa con 15 gr di pasta MMP Soft Beige modellata a forma di goccia e leggermente appiattita. Appoggiate la pasta sul modello e utilizzatelo come riferimento per rifinire la linea della mascella e per ottenere la forma squadrata del viso.

Il consiglio dell'esperto

Le facce squadrate sono adatte a rappresentare personaggi maschili: partite da una forma a goccia arrotondata e poi squadrate la pasta intorno alla linea della mascella. L'aggiunta di particolari come sopracciglia folte oppure un naso importante daranno un aspetto mascolino al personaggio.

20 Incidete il sorriso nella metà inferiore del viso con un cutter tondo. Fate una fossetta a un angolo della bocca utilizzando la punta di uno stecchino. Realizzate il naso con un piccolo ovale di pasta e incollatelo sopra il sorriso.

21 Disegnate le pupille appena sopra la metà del viso, lungo la linea degli occhi, con un pennarello alimentare nero. Disegnate una linea appena sopra ciascuno di questi punti per fare le ciglia. Con un pennellino e del bianco in pasta Edelweiss, dipingete una linea sottile sotto le ciglia. Con il colore liquido marrone Chestnut disegnate le sopracciglia sopra ogni occhio. Modellate le orecchie e spolverizzate le guance, come già fatto per la sposa. Lasciate asciugare la testa.

22 Realizzate i capelli con un po' di pasta SFP nera modellandola a goccia e incollatela dietro la testa fino ad arrivare all'attaccatura dei capelli sulla fronte. Con uno stecchino fate qualche segno, per simulare le ciocche dei capelli. Infilate la testa su un pezzo di polistirolo con uno stecchino da cocktail, unto con un po' di grasso vegetale (tipo Crisco) e lasciate asciugare in posizione verticale finché i capelli non saranno completamente asciutti.

23 Quando i pantaloni, il busto e il collo saranno

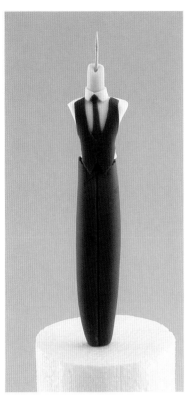

sufficientemente asciutti da poter essere maneggiati senza deformarli, infilateli con uno spiedino in legno su un pezzo di polistirolo in modo da poter aggiungere poi tutti i dettagli necessari più facilmente.

La giacca, il gilet e la cravatta

24 Realizzate il colletto della camicia con un pezzettino di pasta MMP bianca abbastanza sottile e ritagliate una striscia lunga circa 1 cm. Incollatela intorno al collo e tagliate le due estremità ad angolo.

25 Stendete un po' di pasta SFP rosso Cyclamen e ritagliate il gilet usando il modello come riferimento. Incollatelo davanti al busto con un po' di colla edibile. Disegnate sul davanti due piccoli bottoni con un pennarello alimentare nero.

26 Lavorate un ritaglio della pasta utilizzata per il gilet e aggiungete un tocco di Fuchsia. Stendete una sfoglia abbastanza sottile, ritagliate la forma della cravatta e incollatela in mezzo al busto.

27 Stendete un po' di pasta SFP nera e ritagliate la giacca, seguendo il modello. Incollatela dietro il busto e lungo i lati, utilizzando un po' di colla edibile. La giacca dovrà essere più lunga del busto e dovrà sovrapporsi nella parte superiore: unitela sopra le spalle e tagliate la pasta in eccesso con un paio di forbicine per rifinire in modo preciso la 'cucitura'.

28 Per il bavero della giacca, stendete un po' di pasta SFP nera e ritagliate una striscia seguendo il modello. Incollatelo intorno al collo e sulla parte anteriore della giacca.

Incollate un fiorellino sul lato sinistro quando è ancora morbido. Tracciate dei puntini di ghiaccia bianca nel centro del fiore e intorno a esso.

29 Per le braccia, formate un cilindro con 20 gr di pasta SFP nera e dividetelo a metà. Utilizzate il modello per determinare la dimensione delle braccia e tagliate ad angolo le due estremità che si attaccheranno alle spalle e che incollerete al busto. Lasciatele asciugare nella posizione desiderata.

Il consiglio dell'esperto

Posizionate il braccio destro in modo tale che sia leggermente staccato dal busto e tenetelo in posizione utilizzando un pezzettino di pasta tra il corpo e il braccio durante l'asciugatura.

Le mani

30 Formate un cilindro con un po' di pasta MMP Soft Beige e dividetelo a metà. Modellate la pasta verso un'estremità per creare il polso, lasciando un pezzetto di pasta per formare la mano. Appiattite la mano e ritagliate una punta a 'v' per formare il pollice. Sagomate ad angolo la parte rimanente della mano e lasciate asciugare.

31 Stendete una sfoglia sottile di pasta SFP bianca e ritagliate due piccole strisce alte 5 mm. Attaccatele intorno ai polsi per realizzare i polsini della camicia. Tagliate la pasta in eccesso con un paio di forbici. Incollate le mani alle braccia con un po' di colla edibile.

32 Per completare lo sposo, infilate la testa nello stecchino che fuoriesce dal collo e

inclinatela leggermente da un lato. Fissatela e sostenetela come indicato per la testa della sposa.

ASSEMBLAGGIO

33 Per assemblare il tutto, spennellate il dummy in polistirolo con un po' di colla edibile e rivestitelo con pasta di zucchero bianca, come fareste con una torta vera (vedere pag. 38). Completate la base

rifinendola con il nastro bianco più alto e con quello nero sovrapposto. Lasciate asciugare.

34 Il modo migliore per infilare le figure sul dummy è quello di inserire uno spiedino di legno nei punti in cui andranno posizionati gli sposi. Rimuovete lo spiedino interno dalle figure e infilatele sugli stecchini che fuoriescono dal dummy.

Il consiglio dell'esperto

Preferisco rimuovere lo spiedino di legno da ogni figura piuttosto che tentare di infilarlo insieme alla figura stessa nel dummy. Lo considero un metodo più sicuro perché, se la pasta non fosse completamente asciutta all'interno, potreste rischiare di danneggiare la vostra creazione con la pressione esercitata. Se lo stecchino fosse bloccato all'interno della figura e non si riuscisse a rimuoverlo, potrete fare un foro nel dummy con un altro stecchino e inserire poi quello nella figura senza applicare troppa pressione.

35 Quando la coppia sarà posizionata sul dummy, realizzate il braccio sinistro della sposa e incollatelo solo nel punto della spalla. Mettete la mano della sposa in quella dello sposo e lasciate asciugare. Non incollate insieme le mani degli sposi se dovrete trasportare la torta, perché sarà necessario rimuoverli dal dummy e trasportarli separati. Disponete poi la coppia sulla base, una volta arrivati a destinazione.

36 Rivestite la torta e il cake board di base con pasta di zucchero bianca (vedere pagg. 34–37), disponendo la torta al centro. Rifinite la base della torta con il nastro bianco e con quello nero, come già fatto per il dummy, e rifinite il cake board con il nastro bianco più basso. Disponente il dummy con gli sposi al centro della torta.

Il consiglio dell'esperto

Non ci dovrebbe essere bisogno di sostenere la torta con i dowel perché la decorazione è piuttosto leggera. Se temete però che possa affondare, inserite i supporti come indicato a pag. 38, prima di posizionare il dummy.

MINI WEDDING CAKE

Potete realizzare queste delicate variazioni della torta principale, decorando le mini cakes con gli stessi fiori utilizzati per l'abito della sposa. Rivestitele semplicemente come indicato a pag. 34 e variate le dimensioni dei fiori per creare due effetti diversi. Bordatele infine con un nastrino e offritele agli ospiti in piccole confezioni regalo.

L'idea originale di questo progetto prevedeva cinque diversi personaggi in questa scena invernale, ma ho pensato che la battaglia a palle di neve tra due bambini sarebbe stata la scelta migliore per una torta. Volevo proprio catturare l'allegria e la felicità dei bambini che giocano in un paesaggio innevato.

NEL BIANCO PAESE DELLE MERAVIGLIE

Occorrente

Due torte a cupola, una di diametro 12 cm e di altezza 7 cm, l'altra di diametro 9 cm e di altezza 5 cm (preparate in teglie a semisfera, vedere pag. 11)

Pasta di zucchero: 750 gr bianca

SK Mexican Modelling Paste (MMP – pasta modellabile Squires Kitchen): 100 gr Soft Beige (beige chiaro), 370 gr bianco

SK Paste Food Colours (coloranti alimentari in pasta Squires Kitchen): Bulrush (marrone scuro), Dark Forest (verde scuro), Edelweiss (bianco), Fuchsia (fucsia), Jet Black (nero), Lilac (lilla), Olive (verde oliva), Poppy (rosso papavero), Terracotta

SK Designer Pastel Dust Food Colour (coloranti alimentari pastello in polvere Squires Kitchen): Pale Peach (rosa pesca tenue)

SK Professional Liquid Food Colour (coloranti alimentari liquidi Squires Kitchen): Blackberry (mirtillo), Chestnut (marrone castagna)

SK Instant Mix Royal Icing (preparato per ghiaccia reale istantanea Squires Kitchen): 20 gr (facoltativo, per gli occhi)

Carta di riso

Attrezzatura necessaria

Un cake drum/board (vassoio argentato per torte, rigido) di 25 cm di diametro

Nastro di altezza 15 mm: colore azzurro chiaro

Modelli di riferimento (vedere pag. 190)

LA BAMBINA

Il giubbotto e i pantaloni

1 Per il giubbotto, colorate 30 gr di pasta MMP con il colore in pasta Fuchsia. Tenetene da parte un po' per le braccia e realizzate un cono con il resto. Inserite nel vertice del cono uno stecchino da cocktail e lasciatene fuoriuscire un pezzo per sostenere poi la testa. Modellate un rotolino di pasta MMP colorata di nero e inseritelo nello stecchino per fare il colletto.

2 Realizzate le gambe con un rotolino di pasta MMP colorata con Lilac, appuntite le due estremità e tagliate il cilindro a metà. Modellate le due caviglie al di sopra delle estremità appuntite e piegatele, pizzicandole poi per creare i talloni degli stivali. Dipingete le estremità a punta con il colore liquido Blackberry (oppure con il colore in pasta nero, diluito con qualche goccia di acqua bollita e raffreddata), creando così gli stivali. Mettete da parte ad asciugare. Quando le gambe saranno sufficientemente asciutte da poter essere maneggiate, incollatele davanti alla base del cono nella posizione desiderata utilizzando un po' di pasta MMP ammorbidita.

3 Per le braccia, colorate un po' di pasta MMP con il colore Fuchsia: formate un rotolino con le estremità arrotondate e dividetelo a metà, realizzando due piccoli coni. Piegate uno dei coni ad angolo retto e lasciate l'altro dritto. Lasciateli asciugare. Una volta che le braccia saranno asciutte, incollatele ai lati del corpo con un po' di pasta ammorbidita, come illustrato. Lasciate asciugare.

La testa

4 Con 30 gr di pasta modellabile MMP Soft Beige realizzate una forma a goccia arrotondata e incidete il sorriso nella metà inferiore del viso con un piccolo cutter tondo. Aprite la bocca premendo con un piccolo ball tool appena sotto il sorriso. Date forma alla bocca con la punta ricurva di un Dresden tool. Date profondità alla bocca con una mezzaluna di pasta MMP color Terracotta.

5 Realizzate la lingua con una pallina di pasta MMP colorata con rosso Poppy e appiattitela. Incollatela nella parte inferiore della bocca con un po' di colla edibile. Per i dentini, fate un rotolino di pasta MMP bianca con le estremità appuntite e incollatelo nella parte superiore della bocca. Realizzate il naso con un piccolo ovale di pasta MMP Soft Beige e incollatelo sopra la bocca al centro del viso.

6 Spennellate le guance con il colore in polvere rosa Pale Peach. Dipingete due linee curve per gli occhi ai lati del naso con un pennellino e il colore liquido Blackberry (oppure il colore in pasta nero, diluito con acqua). Dipingete allo stesso modo anche le sopracciglia.

7 Quando avrete terminato i dettagli del viso, tagliate la parte superiore della testa con un taglierino per fare spazio poi al cappuccio. Mettete da parte ad asciugare.

Il cappuccio

8 Modellate una forma a goccia arrotondata con un po' di pasta MMP color Terracotta a cui avrete aggiunto un tocco di rosso Poppy. La quantità di pasta per il cappuccio è circa la stessa quantità usata per la testa. Incollate il cappuccio dietro la testa tenendo l'estremità appuntita verso la nuca e spingendo la parte arrotondata verso la zona anteriore della testa, aiutandovi con il palmo della mano. Infilate la testa con il cappuccio nello stecchino da cocktail che fuoriesce dal collo e date l'inclinazione voluta. Lasciate asciugare.

9 Realizzate il bordo in pelliccia con un salsicciotto di pasta MMP bianca con le estremità appuntite e incollatelo intorno al cappuccio con un po' di colla edibile. Se necessario, regolate l'eccesso di pasta sul mento. Incollate un altro rotolino di pasta MMP bianca sul bordo del giubbotto.

10 Realizzate i risvolti delle maniche con due palline di pasta MMP bianca e incollateli alle braccia. Con il manico di un pennello, fate in ogni polsino le aperture in cui saranno inseriti i guanti.

11 Per i guanti, formate un cilindro con un pezzettino

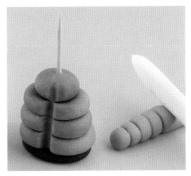

di pasta MMP color Lilac e dividetelo a metà. Modellate una goccia con ciascuna metà e praticate un'incisione con il retro della lama di un coltello nella parte arrotondata, formando così il pollice. Fissate i guanti ai polsini con un po' di colla edibile e posizionateli come illustrato.

IL BAMBINO

Le gambe e il corpo

12 Per realizzare le gambe, modellate un lungo salsicciotto dalle estremità affusolate con 40 gr di pasta MMP color verde scuro Dark Forest e piegatelo a metà. Ripiegate ancora le gambe a metà, sovrapponendo il cilindro piegato alle estremità affusolate per rendere la posizione delle gambe in ginocchio. Realizzate le scarpe con due pezzettini di pasta MMP nera modellandoli

a goccia e incollateli alle estremità appuntite delle gambe con un po' di colla edibile. Lasciate asciugare.

13 Per il busto, colorate 30 gr di pasta MMP bianca con il colore in pasta verde Olive e mettete da parte un terzo della pasta per modellare poi le braccia. Formate un salsicciotto spesso e incidete delle linee con un attrezzo per il modelling oppure con il retro della lama di un coltello. Praticate queste incisioni facendo contemporaneamente rotolare il salsicciotto, formando così le impunture della giacca a vento. Cercate di modellare un'estremità in modo che sia più stretta e che possa rappresentare il collo del giubbotto. Per rifinire la giacca a vento, modellate una pallina di pasta MMP nera, appiattitela e incollatela alla base del giubbotto.

14 Per realizzare la zip, premete con il manico di un pennello in

mezzo alla giacca a vento e incollate un rotolino di pasta nera in questa incisione. Inserite uno stecchino da cocktail nel collo del giubbotto per sostenere poi la testa e mettete da parte ad asciugare.

15 Quando avrete completato il busto e le gambe, incollateli con un po' di pasta ammorbidita. Realizzate le maniche con la pasta verde Olive messa da parte: modellate un salsicciotto e incidetelo, come già fatto per la giacca a vento. Tagliate la pasta in eccesso rispetto alla lunghezza necessaria e incollate le braccia ai lati del busto con un po' di pasta morbida. Lasciate asciugare.

La testa

16 Realizzate la testa, la bocca e il naso come indicato per la testa della bambina. Segnate la posizione degli occhi con la punta di uno stecchino da cocktail e riempite i

fori con due puntini di ghiaccia reale colorata di nero. Con un pennellino sottile e un po' di colore in pasta bianco Edelweiss, date espressività agli occhi con due punti luce bianchi.

Il consiglio dell'esperto

Se preferite, potete dipingere gli occhi con un pennarello alimentare nero, illuminandoli poi con due puntini bianchi.

17 Realizzate le orecchie con due palline di pasta MMP Soft Beige e incollatele ai lati della testa. Premete con un piccolo ball tool all'interno di ciascun orecchio per dare la giusta forma. Quando la testa sarà finita, tagliate via la parte superiore e mettete da parte ad asciugare.

18 Per i capelli, colorate un pezzettino di pasta MMP con il colore in pasta marrone Bulrush, modellatelo a forma di goccia e incollatelo dietro la testa con la parte appuntita verso la nuca. Tagliate la pasta in eccesso e mettete da parte i ritagli.

19 Formate il cappello con una palla di pasta MMP color verde Dark Forest, modellata a forma di calotta. Premete le setole dure di una spazzola su tutto il cappello per rendere l'aspetto della lana e incollatelo sulla testa. Infilate la testa nello stecchino che fuoriesce dal collo. Lasciate indurire il cappello prima di aggiungere gli altri dettagli.

20 Per completare il cappello di lana, tagliate una striscia di pasta MMP color verde Olive. Imprimete il segno delle setole come per la calotta

e incollate la striscia attorno alla testa per formare il bordo del cappello. Incidete delle linee con il retro della lama di un coltello per simulare le coste della lana. Fate un pon pon con una pallina di pasta sulla quale imprimerete i segni delle setole, e incollatelo sul cappello. Aggiungete qualche ciuffetto di capelli davanti a ogni orecchio.

21 Realizzate i guanti come spiegato per la bambina, usando pasta MMP colorata di nero. Incollateli nella posizione desiderata, come illustrato.

LA TORTA

22 Disponete le due calotte di torta verso la parte posteriore del cake board di base e fissatele in

posizione con un po' di crema al burro.
Ricoprite poi le torte con la crema al
burro, aggiungendo qualche pezzo di
pasta di zucchero ai lati per creare delle
discese di neve.

23 Stendete la pasta di
zucchero bianca e ricoprite
contemporaneamente le torte e la
base. Levigate la pasta con le mani,
facendola aderire bene, e tagliate la
pasta in eccesso sui bordi, servendovi di
un coltello affilato. Fate qualche segno
sulla pasta mentre è ancora morbida per
simulare l'effetto della neve. Bordate il
cake board di base con il nastro.

GLI ALBERI

24 Disegnate gli alberi su
un pezzo di carta di riso,
utilizzando il modello fornito, e tagliateli
con un paio di forbici. Incollateli dietro

la montagnola di neve con un po' di
ghiaccia reale bianca.

25 Fissate il bambino e la
bambina in posizione con un
punto di ghiaccia reale bianca o con un
po' di pasta di zucchero ammorbidita.
Realizzate qualche palla di neve
con la pasta di zucchero bianca, poi
incollatene una al guanto del bambino
e le altre qua e là attorno alla bambina,
per completare la scena invernale.

Il consiglio dell'esperto

Se avete utilizzato supporti non
edibili come gli stecchini da cocktail,
informate il destinatario in modo tale
che queste parti possano essere
rimosse prima di servire la torta.

PALLE DI NEVE DI MARSHMALLOW

Seguite la ricetta per marshmallow a pag. 23, preparandoli in piccoli stampi a cupola.

Cospargete con il cocco grattugiato il marshmallow mentre è ancora morbido e inserite uno stecchino di plastica al centro di ogni stampo. Quando il marshmallow si sarà rassodato, premete ogni calottina in silicone da sotto, per facilitare l'uscita del marshmallow.

Passate ogni pallina nel cocco grattugiato per dare consistenza ed ecco che saranno pronte per essere mangiate!

Preparatele con un solo giorno di anticipo per evitare che il marshmallow si asciughi troppo e per mantenerle il più possibile morbide.

ARRIVA BABBO NATALE!

Con la magica luce della sua Stella, Babbo Natale porta pacchi di
gioia a tutti noi nel giorno di Natale.

Occorrente

Una torta del diametro di 7 cm e di altezza 6 cm

Una torta del diametro di 10 cm e di altezza 10 cm

Una torta del diametro di 15 cm e di altezza 10 cm

Marzapane: 1,2 kg (facoltativo)

Liquore chiaro (se utilizzate il marzapane)

Pasta di zucchero:

per il piano di base: 350 gr bianco colorato con colore in pasta Dark Forest (verde scuro), 350 gr colorato con colore in pasta Olive (verde oliva)

per il piano intermedio: 450 gr bianco

per il piano superiore: 50 gr bianco, 50 gr bianco colorato con colore in pasta Hydrangea (azzurro ortensia), 150 gr bianco colorato con colore in pasta Olive (verde oliva)

per il cake board (vassoio rigido di base): 350 gr bianco

SK Mexican Modelling Paste (MMP – pasta modellabile Squires Kitchen): 60 gr Soft Beige (beige chiaro), 30 gr bianco, 60 gr bianco colorato con colore in pasta Poppy (rosso papavero)

SK Sugar Florist Paste (SFP)/ gum paste (pasta specifica per la realizzazione dei fiori in zucchero SFP Squires Kitchen): 50 gr bianco colorato con colore in pasta Dark Forest (verde scuro), 30 gr bianco, 30 gr bianco colorato con colore in pasta Poppy (rosso papavero), 50 gr bianco colorato con colore in pasta Sunny Lime (verde acido)

SK Instant Mix Pastillage (preparato per pastillage istantaneo Squires Kitchen): 100 gr

SK Paste Food Colours (coloranti alimentari in pasta Squires Kitchen): Dark Forest (verde scuro), Holly/Ivy (verde agrifoglio), Hydrangea (blu ortensia) Jet Black (nero), Olive (verde oliva), Poppy (rosso papavero), Sunny Lime (verde acido)

SK Designer Metallic Lustre Dust Food Colour (coloranti alimentari metallizzati in polvere Squires Kitchen): oro antico

SK Instant Mix Royal Icing (preparato per ghiaccia reale istantanea Squires Kitchen): 50 gr

Attrezzatura necessaria

Attrezzi base per la decorazione (vedere pag. 6)

Un cake drum/board quadrato (vassoio argentato per torte, rigido) di 28 cm di lato

Tre cake card (vassoi in cartoncino per torte) di diametro 7 cm, 10 cm e 15 cm

Due cake card (vassoi in cartoncino per torte) rotondi o quadrati di 23 cm di diametro o lato (di scorta, serviranno durante la preparazione e non per la presentazione)

Un cutter piccolo mughetto

Un cutter piccolo margherita

Un cutter piccolo foglia

Nastro di altezza 15 mm: colore verde scuro

Modello di riferimento per la stella (vedere pag. 190)

LA BASE

1 Stendete 350 gr di pasta di zucchero bianca a uno spessore di 3–4 mm e rivestite il cake drum di base. Livellate la pasta con lo smoother per rimuovere eventuali imperfezioni ed eliminate poi con un coltello a lama liscia l'eccesso di pasta che fuoriesce dai bordi.

2 Decorate la copertura della base diluendo un po' di colore in pasta verde Holly/Ivy con qualche goccia di acqua bollita e raffreddata e utilizzate uno spazzolino da denti per schizzare il colore, come descritto a pag. 47 (tecnica a spruzzo). Lasciate asciugare.

3 Bordate il vassoio con il nastro verde scuro, utilizzando una colla stick atossica. Lasciate asciugare.

BABBO NATALE

Il corpo e la testa

4 Realizzate il corpo modellando 20 gr di pasta MMP color rosso Poppy a forma di goccia e inserite nella parte appuntita uno stecchino da cocktail, lasciandone fuoriuscire una parte.

5 Realizzate la testa con una pallina di pasta MMP Soft Beige (20 gr) e montatela sullo stecchino.

6 Utilizzate un rotolino di pasta MMP bianca per formare la cintura e incollatela intorno alla metà inferiore del corpo, in modo che sia leggermente inclinata. Fate due fori alla base del corpo, nei punti in cui andranno inserite le gambe. Lasciate asciugare.

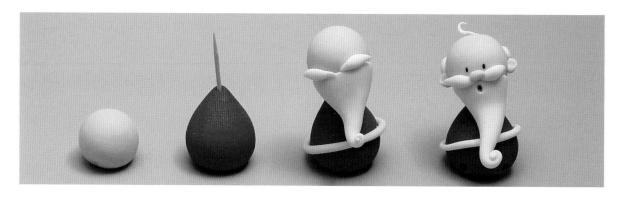

7 Per fare la barba, modellate un cono con un po' di pasta MMP bianca e incollatelo alla metà inferiore della testa con un po' di colla edibile. Realizzate i baffi con due salsicciotti a punta di pasta MMP bianca e incollateli sopra la barba. Aprite la bocca tra i baffi e la barba con la punta di uno stecchino da cocktail.

8 Per il naso, modellate un piccolo ovale di pasta MMP Soft Beige e incollatelo tra i baffi. Realizzate le orecchie con due palline di pasta MMP Soft Beige e incollatele ai lati della testa, all'altezza della linea degli occhi. Premete nelle orecchie con un piccolo ball tool per dare la giusta forma.

9 Per i capelli, modellate un salsicciotto in pasta MMP bianca e incollatelo dietro la testa, da orecchio a orecchio, premendo leggermente per appiattirlo. Fate un altro rotolino con

le estremità a punta utilizzando un pezzettino di pasta MMP bianca e incollatelo in mezzo alla testa per fare il ciuffetto di capelli.

10 Disegnate gli occhi con un pennarello alimentare nero e create i punti luce con la punta di uno stecchino intinta nel colore in pasta bianco Edelweiss. Realizzate le sopracciglia con due pezzettini di pasta MMP bianca a forma di goccia che incollerete sopra gli occhi.

LE GAMBE E LE SCARPE

11 Modellate gamba e scarpa da un unico pezzo di pasta SFP bianca: fate un rotolino con una punta allungata e arricciatela come mostrato. Pizzicate il lato ricurvo

per formare un angolo retto e creare il tallone. Fate le due gambe e lasciate asciugare completamente.

12 Una volta asciutte, dipingete le scarpe con un pennellino e colore in pasta nero diluito con qualche goccia di acqua bollita e raffreddata; dipingete poi sulla gamba due strisce con il rosso Poppy in pasta diluito per fare le calze. Lasciate asciugare.

13 Fissate le gambe nei fori del corpo con un po' di colla edibile.

LE BRACCIA E LE MANI

14 Con un pezzettino di pasta MMP Soft Beige formate un rotolino e dividetelo a metà. Modellate

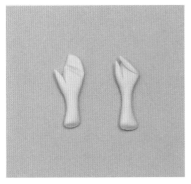

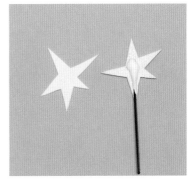

ogni metà dandole una forma di bottiglia dal collo allungato e create il polso, lasciando all'estremità un pezzettino di pasta per realizzare la mano. Appiattite ciascuna mano e tagliate via una punta a 'v' per formare il pollice. Rifinite ad angolo la parte rimanente, che rappresenta la mano. Piegate le dita della mano sinistra facendo pressione con uno stecchino da cocktail e piegando poi la mano lungo questo segno. Lasciate asciugare le mani.

15 Modellate le maniche partendo da un salsicciotto di pasta MMP color rosso Poppy: dividetelo a metà, assottigliate un'estremità di ciascuna metà e poi piegate il braccio destro. Per mantenere alzato il braccio sinistro senza farlo cadere, inserite un pezzo di spaghetto nella parte più stretta della manica e infilatela nel corpo; fissatela poi con un po' di colla edibile. Incollate al corpo

anche il braccio sinistro, allineando la parte più stretta alla parte superiore del busto.

16 Per i polsini bianchi, realizzate due palline di pasta MMP bianca e incollatele alla parte più ampia delle maniche. Premete queste estremità con la punta del manico di un pennello, creando il foro per inserire le mani. Tagliate a punta la pasta in eccesso ai polsi e infilate le mani nel foro creato nelle maniche, mantenendole in posizione con un po' di colla edibile.

LA STELLA

17 Stendete una sfoglia sottile di pastillage e ritagliate la forma della stella utilizzando il modello di riferimento. Lasciate asciugare su una superficie piana.

Il consiglio dell'esperto

Sarebbe meglio preparare una stella di scorta, nel caso in cui la prima si rompesse.

18 Quando sarà asciutta, dipingete la stella con il colore in polvere oro antico, mescolato con qualche goccia di liquore chiaro. Dipingete un pezzo di spaghetto con il colore in pasta nero diluito e incollatelo dietro la stella con un po' di ghiaccia reale. Lasciate asciugare e poi inseritelo nel braccio alzato, ormai asciutto.

I NASTRI

19 Prendete un po' di pasta SFP color verde Sunny Lime e stendete una sfoglia sottile su un piano di lavoro antiaderente, unto con un po' di grasso vegetale (tipo

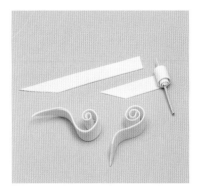

Crisco). Per realizzare i nastri srotolati, ritagliate con un lungo coltello affilato qualche striscia alta 1 cm. Tagliate ad angolo un'estremità di ciascuna striscia e lasciate dritta l'altra. Arrotolate la striscia partendo dall'estremità dritta, aiutandovi con uno stecchino per tener stretto il nastro. Rimuovete poi lo stecchino e lasciate che il nastro si allenti e si srotoli. Lasciate asciugare.

Il consiglio dell'esperto

Se la pasta fosse appiccicosa, spolverizzatela con amido di mais per assorbire l'eccesso di umidità prima di darle forma.

20 Per fare il nastro ripiegato, ritagliate delle strisce alte 1,5 cm e 2 cm da un po' di pasta SFP color verde scuro Dark Forest e lasciate dritte le estremità. Incollate tra loro le estremità con un po' di colla edibile

e lasciate asciugare i nastri tenendoli appoggiati su un lato. Ritagliate altre strisce di pasta, appoggiatele su un lato e ripiegatele per ondulare i nastri. Lasciate asciugare il tutto.

I TASSELLI IN PASTILLAGE

21 Stendete il pastillage a uno spessore di 1 cm. Premete con uno smoother, inclinandolo ad angolo per abbassare la pasta da un lato. Ritagliate poi dei cerchi usando dei cutter di diametro 8 cm e 5 cm.

Il consiglio dell'esperto

Lasciate asciugare perfettamente i tasselli in pastillage perché dovranno sostenere il secondo e il terzo piano della torta per tenerli inclinati.

COME RICOPRIRE LE TORTE

22 Se desiderate ricoprire le tre torte prima con uno strato di marzapane, seguite la tecnica spiegata a pag. 36 per rivestire torte dai bordi dritti e poi rivestitele con la pasta di zucchero come descritto di seguito. Se usate la ricetta della sponge cake e non volete utilizzare il marzapane, tralasciate questo passaggio e continuate a rivestire le torte come indicato. Capovolgete le torte su un cake board di riserva e ricopritele con uno strato di crema al burro per far aderire poi la pasta di zucchero.

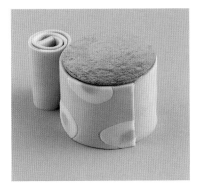
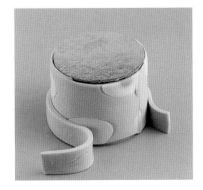

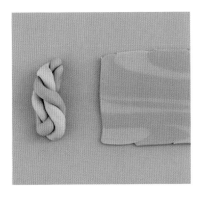

IL PIANO DI BASE

23 Per creare un effetto marmorizzato, lavorate 350 gr di pasta di zucchero verde scuro Dark Forest con 300 gr di verde Olive: non mischiatela completamente, ma lasciate delle venature di colore diverso. Partendo da un cilindro, formate un lungo rettangolo sul piano di lavoro spolverizzato di zucchero a velo. Il rettangolo dovrebbe avere la stessa altezza della torta e lunghezza sufficiente a rivestire la superficie laterale della torta: usate un cartamodello, se necessario.

24 Arrotolate su se stessa la striscia rettangolare marmorizzata, fate aderire un'estremità alla torta e srotolate la striscia attorno alla torta, facendola ben aderire con il palmo della mano. Unite le estremità e tagliate la pasta in eccesso levigando

la giuntura con uno smoother. A questo punto, utilizzate uno spazzolino da denti per schizzare il colore verde Holly/Ivy diluito, come già fatto per il cake board di base.

25 Lavorate insieme i ritagli di pasta finché i colori non si saranno perfettamente mescolati. Tagliate una lunga striscia dello spessore di 3 mm e di altezza 2 cm. Spennellate un po' di colla edibile su questa striscia e incollatela intorno alla base della torta per fare il bordo del coperchio. Fate corrispondere la giuntura del bordo con quella del rivestimento della torta. Lasciate riposare per qualche ora.

26 Quando la pasta di zucchero si sarà rassodata, capovolgete la torta aiutandovi con il cake board.

27 Ricoprite il top della torta con un po' di crema al burro (o spennellate del liquore chiaro se avete usato il marzapane). Stendete la pasta a uno spessore di 3 mm e ritagliate un tondo leggermente più grande del diametro della torta da rivestire. Posizionate questo tondo di pasta di zucchero sulla torta, copritela di nuovo con un cake board di scorta e capovolgetela ancora. Eliminate poi con un coltello a lama liscia l'eccesso di pasta che fuoriesce dai bordi.

28 Capovolgete la torta (sarà ora nella posizione corretta) e lasciate rassodare la copertura. Sollevate la torta con il cake card e disponetela sulla base ricoperta, fissandola con un po' di ghiaccia reale.

29 Per decorare i lati della torta, ritagliate delle piccole margherite in pasta SFP bianca,

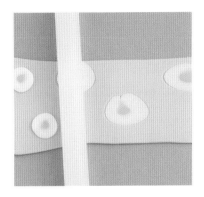

aggiungete i centri color Sunny Lime e delle foglioline verdi Dark Forest, tutto in pasta per fiori SFP. Incollatele ai lati della torta con un po' di colla edibile, disponendole secondo il vostro gusto.

IL PIANO INTERMEDIO

30 Rivestite il secondo piano con la pasta di zucchero bianca con lo stesso metodo spiegato per il piano di base. Per decorare i lati della torta, stendete una sfoglia sottile di pasta SFP color rosso Poppy e ritagliate dei fiorellini con il cutter mughetto. Usate un ball tool per assottigliare i bordi e dar forma ai fiori. Lasciate interi alcuni fiori e tagliatene altri lasciando solo due o tre petali. Incollateli sulla torta (escludendo il coperchio) e completate la decorazione con qualche punto di ghiaccia reale colorata di nero.

IL PIANO SUPERIORE

31 Stendete 30 gr di pasta di zucchero bianca formando un rettangolo. Realizzate un salsicciotto con un po' di pasta di zucchero color azzurro Hydrangea e avvolgetelo nella pasta bianca, incollandola. Tagliate la pasta in eccesso e fate rotolare delicatamente il salsicciotto per uniformare la giuntura. Tagliate questo rotolo a rondelle spesse 5 mm. Stendete una striscia di pasta di zucchero color verde Olive grande a sufficienza per rivestire la superficie laterale della torta piccola. Posizionate poi le rondelle sulla striscia di pasta di zucchero e ripassate con un mattarello per appiattire il decoro e incorporare le due paste. Ritagliate a misura e ricoprite la superficie laterale della torta come spiegato sopra.

32 Realizzate il coperchio come già fatto prima, utilizzando la pasta di zucchero color verde Olive.

L'ASSEMBLAGGIO

33 Prima di sovrapporre le torte, inserite i dowel (supporti) nel piano di base, seguendo le istruzioni di pag. 38 e assicurandovi che questi rientrino nel diametro del tassello in pastillage. Una volta inseriti i dowel, fissate alla torta il tassello in pastillage con un po' di ghiaccia reale.

34 Fissate anche il piano intermedio al tassello in pastillage con un po' di ghiaccia reale. Inserite un supporto di plastica dove andrà posizionato il secondo tassello in pastillage (un solo supporto è sufficiente perché il terzo piano è piuttosto piccolo e leggero). Fissate con ghiaccia reale come per i piani più bassi.

I TOCCHI FINALI

35 Disponete a piacimento i nastri sulla base e sul piano intermedio, incollandoli tra loro e sulla torta con qualche punto di ghiaccia reale.

36 Modellate il cappello di Babbo Natale con un cono di pasta MMP rosso Poppy. Realizzate il bordo con un rotolino di pasta MMP bianca e aggiungete un pon pon in cima al cappello. Incollatelo al bordo della torta di base con un po' di colla edibile.

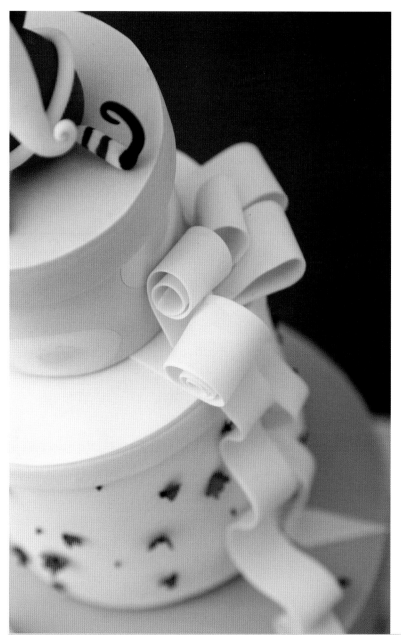

Il consiglio dell'esperto

Questa torta può solitamente essere trasportata in un unico pezzo poiché non è troppo grande. Se trovate che sia però troppo difficile trasportare una torta inclinata, potete semplicemente sovrapporre le torte nel modo tradizionale. Un altro metodo per ottenere un effetto inclinato senza utilizzare i tasselli in pastillage è quello di tagliare le torte con una leggera angolazione prima di coprirle con la pasta di zucchero.

LE MINI CAKE DI NATALE

Queste mini cake sono dei deliziosi doni e un ottimo metodo per utilizzare i fiori, le stelle e i nastri rimasti dal progetto principale. Ho scelto di rivestirle con varie tonalità di verde oliva per creare un bel gioco di colori, ma ovviamente potete scegliere qualunque altra gamma.

Disponete ogni torta su un cake card e rivestite poi con pasta di zucchero, seguendo le indicazioni di pag. 34. Rifinite con un nastro e incollate le decorazione scelte con qualche punto di ghiaccia reale.

MODELLI DI RIFERIMENTO

La Regina di Cuori, pagg. 65-72

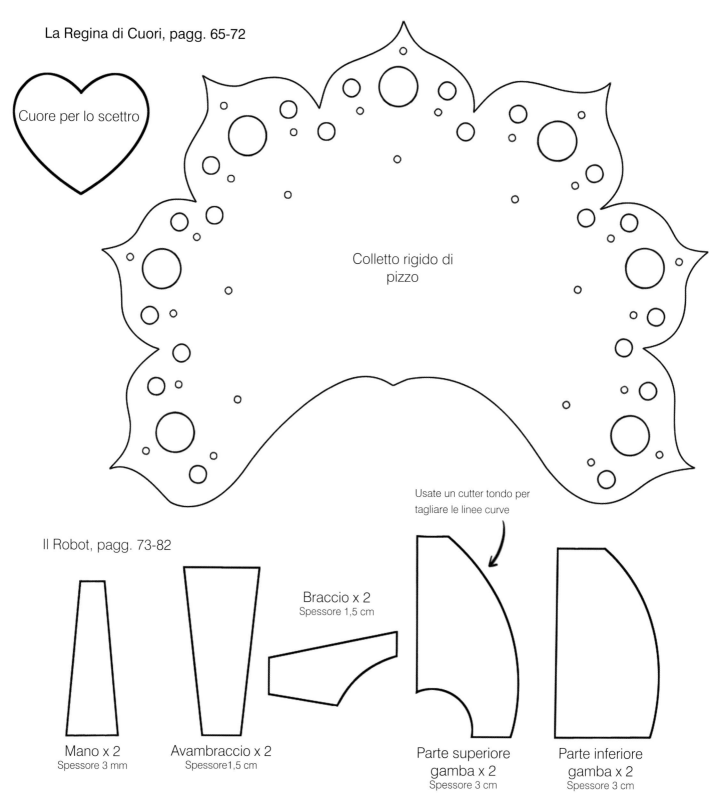

Cuore per lo scettro

Colletto rigido di pizzo

Usate un cutter tondo per tagliare le linee curve

Il Robot, pagg. 73-82

Braccio x 2
Spessore 1,5 cm

Mano x 2
Spessore 3 mm

Avambraccio x 2
Spessore1,5 cm

Parte superiore
gamba x 2
Spessore 3 cm

Parte inferiore
gamba x 2
Spessore 3 cm

Il Robot, pagg. 73-82

Ginocchio x 2

Ginocchio x 4
Spessore 3 mm

Piede x 2
Spessore 1,5 cm

Fianchi x 1 Spessore 5 mm

Flora, la fata dei boschi,
pagg. 83-92

In cerca di cibo, pagg.
93-102

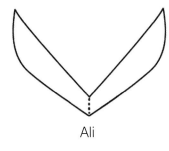

Ali

Manico della
tazza

In cerca di cibo, pagg.
93-102

Tazza in pastillage
Spessore 3 mm

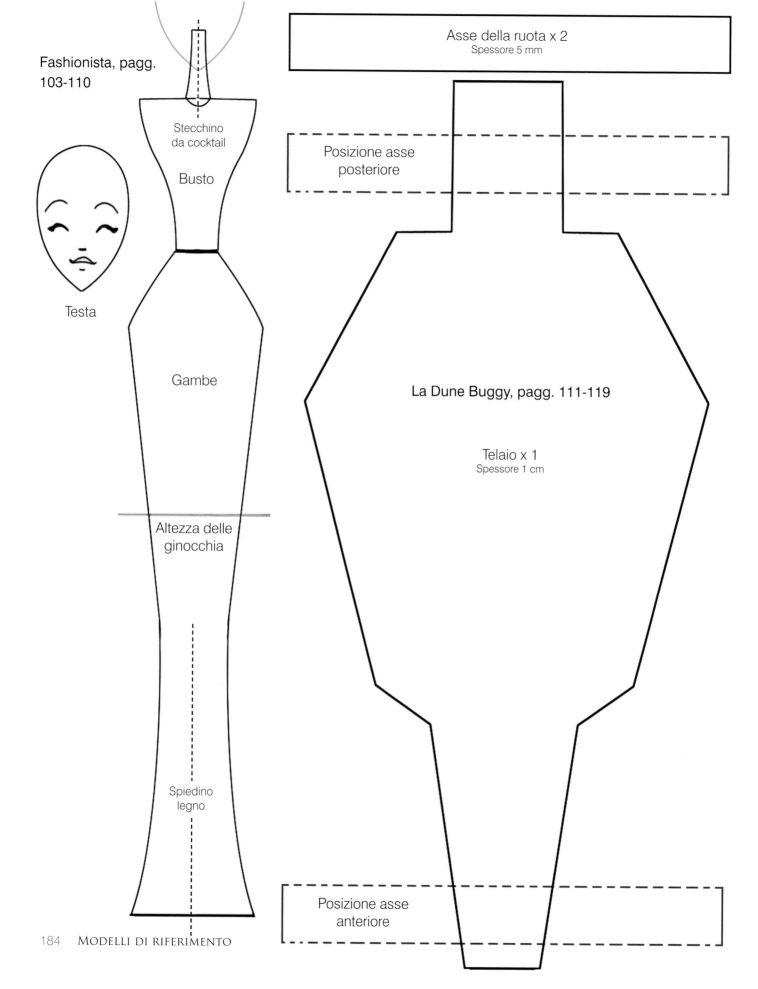

Fashionista, pagg.
103-110

Stecchino
da cocktail

Busto

Testa

Gambe

Altezza delle
ginocchia

Spiedino
legno

Asse della ruota x 2
Spessore 5 mm

Posizione asse
posteriore

La Dune Buggy, pagg. 111-119

Telaio x 1
Spessore 1 cm

Posizione asse
anteriore

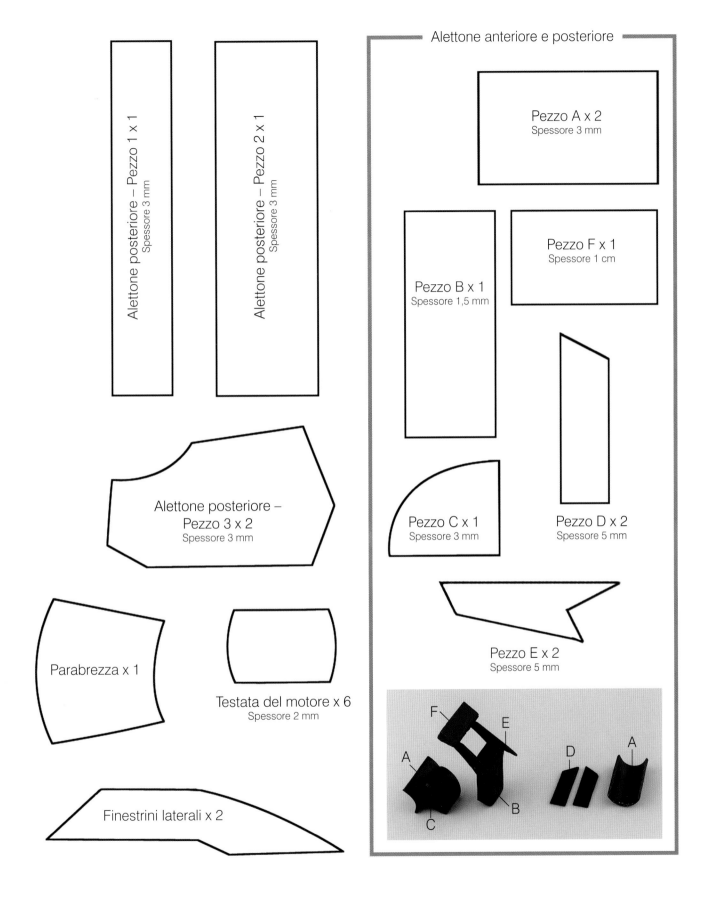

Alettone posteriore – Pezzo 1 x 1
Spessore 3 mm

Alettone posteriore – Pezzo 2 x 1
Spessore 3 mm

Alettone anteriore e posteriore

Pezzo A x 2
Spessore 3 mm

Pezzo F x 1
Spessore 1 cm

Pezzo B x 1
Spessore 1,5 mm

Alettone posteriore –
Pezzo 3 x 2
Spessore 3 mm

Pezzo C x 1
Spessore 3 mm

Pezzo D x 2
Spessore 5 mm

Parabrezza x 1

Testata del motore x 6
Spessore 2 mm

Pezzo E x 2
Spessore 5 mm

Finestrini laterali x 2

A B C D E F
G H I J K L
M N O P Q R
S T U V W X
Y Z

La Dune Buggy, pagg. 111-119
Lettere e numeri per la Dune Buggy

1 2 3 4 5 6
7 8 9 0

Nella cucina della nonna,
pagg. 120-134

La Dune Buggy, pagg. 111-119

Raggi ruote x 4

Spessore 5 mm

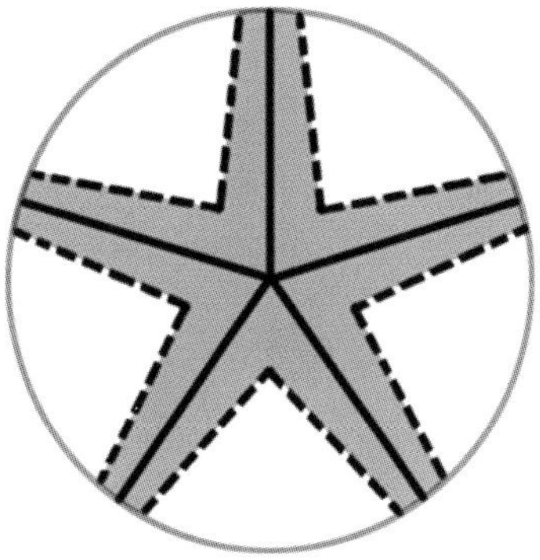

Gamba posteriore x 2 Spessore 5 mm

Seduta della sedia x 1
Spessore 5 mm

Asse frontale superiore x 2
Spessore 3mm

Asse laterale superiore x 2
Spessore 3mm

Gamba anteriore x 2
Spessore 5 mm

Asse inferiore x 2
Spessore 3mm

Schienale x 1
Spessore 3mm

Piano del tavolo x 1
Spessore 5 mm

Asse del tavolo lunga x 2
Spessore 5 mm

Gamba del tavolo x 4 Spessore 1 cm

Asse del tavolo corta x 2
Spessore 5 mm

Cassetto del tavolo x 1
Spessore 3 mm

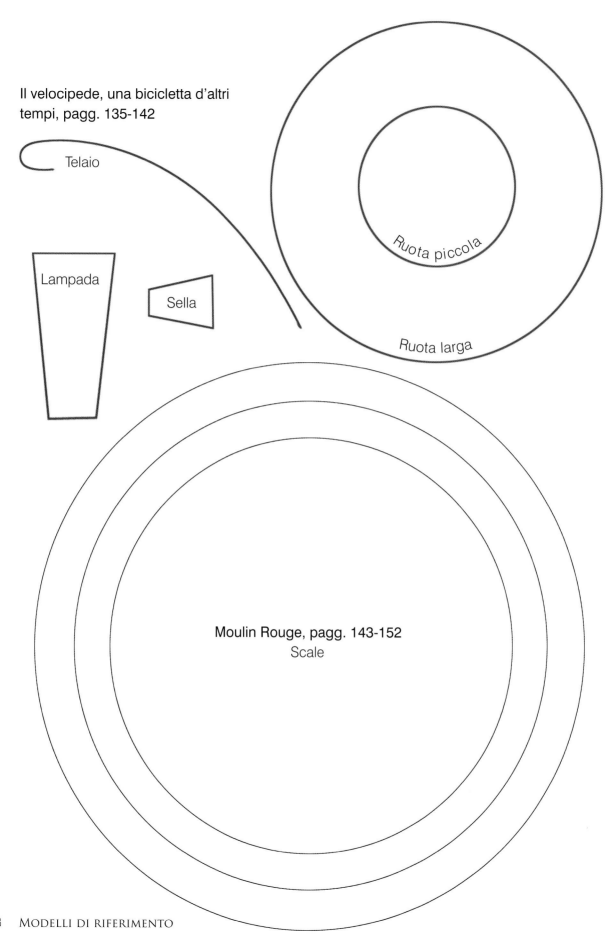

Il velocipede, una bicicletta d'altri tempi, pagg. 135-142

Telaio

Lampada

Sella

Ruota piccola

Ruota larga

Moulin Rouge, pagg. 143-152
Scale

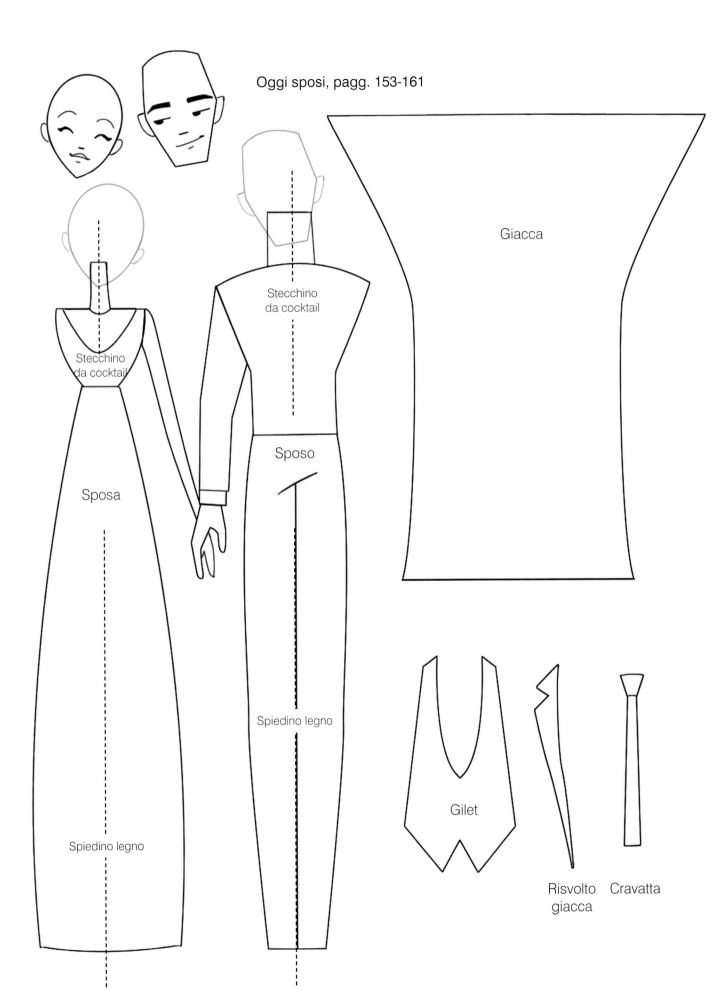

Oggi sposi, pagg. 153-161

Giacca

Stecchino
da cocktail

Stecchino
da cocktail

Sposo

Sposa

Spiedino legno

Spiedino legno

Gilet

Risvolto
giacca

Cravatta

Spiedino legno

Nel bianco paese delle
meraviglie, pagg. 162-170

Arriva Babbo Natale!, pagg.
171-181

RIVENDITORI

Squires Kitchen, Italia
+44 1252 260260
cliente@squires-shop.it
www.squires-shop.it

Scuola internazionale di Squires
Kitchen
The Grange
Hones Yard
Farnham
Surrey
GU9 8BB
Regno Unito
+44 1252 260262
www.squires-school.co.uk

Squires Kitchen, Regno Unito
www.squires-shop.com

Squires Kitchen, Francia
www.squires-shop.fr

Squires Kitchen, Spagna
www.squires-shop.es

Squires Kitchen, Germania
www.squires-shop.de

Rivenditori
Italia

Cantavenna
www.cantavenna.it

Castroni
www.castroniallabalduina.it

Decorazioni Dolci
www.decorazionidolci.it

FoodJoy
www.foodjoy.it

Maison Madeleine
www.maisonmadeleine.it

Mastercash
www.mastercash.it

Mitico
www.decorazionitorteroma.com

Silovoglio Events
www.silovoglioevents.it

Sos Torte
www.caramellandia.com

Distributori SK
Regno Unito

Confectionery Supplies
Herefordshire
www.confectionerysupplies.co.uk

Guy Paul & Co. Ltd.
Buckinghamshire
www.guypaul.co.uk

Culpitt Ltd.
Northumberland
www.culpitt.com

Aziende

Smeg Ltd.
www.smeg.it
www.smeg50style.com/it

Smeg è un produttore italiano di
elettrodomestici unici che combinano
design, efficienza e qualità.